岡村 鉄琴

新潟日報社

はじめに

新聞雑誌やテレビでの老舗紹介で、外観の看板、室内の横額や掛軸を見て「もっとそこを取材して」と、ひとりつぶやく。その筆者が誰なのか、知りたいのだ。

そもそも「看板商品」「金看板」、あるいは「看板倒れ」などと言ったりする。「名は体を表す」のことわざの通り、看板はその店や建物を代表する文化で、中には地域の顔のような存在になっているものまである。

また昼間の顔とは別に、夜のとばりが降りると明かりをともし始め、町並みに欠かせない存在感を放つものや、何となく心惹かれる小路での看板の光景が好ましい。時に商店街の浮沈を見守る番人とも思える。

これまで学生時代からそぞろに新潟県内各地を訪れる中、意外な書き手や由緒の看板に出合えた。ただ近頃では、文化財級の看板がひっそりと姿を消してしまう例が多くなりつつある。残念なことだ。そこで、今のうちに取材を重ね記録したいと思ったのが、本書執筆の動機である。

取材を申し込み実際に伺ってみると、看板の筆者との関係を知る店の主人は、あまりおられなかった。しかし残っている資料を拝見するうちに、諸々の出来事が浮かび上がってきた。店の創業からの歴史を尋ねるうちに、周辺の風土や魅力に話題が広がっていく。私のふるさとの埼玉県川越市では、このような記述が難しい。そう思えるのは良寛と會津八一、時代が下って江川蒼竹や弦巻松蔭書といった県下書人の多彩さばかりではなく、新潟の町並みに愛着を持ちながら長く歩き巡った経験によろう。

　取材対象は店外にある看板に限らず、室内のしつらい、のれん、寺社の掲額などを含んでいる。それらの書き手に注目した書画文芸史、一方では看板に基づく郷土史点描の二面を持つ記録として、本書が愛読されれば幸いである。

就職したての私と学生
教育学部正面玄関にて（1992年）
懐かしい学部名木板が掛かっている

看板体を表す　目次

本書は新潟日報朝刊で連載した「看板 体を表す」を再編集しまとめたものです。二〇二一年十二月から二〇二四年五月までの65回を収載しました。本書発行にあわせて一部加筆修正を行いました。なお、肩書や催事情報については原則として掲載当時のものです。

1 書道科の教員が揮毫

■ 新潟大学正門の門標

新潟市西区

上：現在の正門からキャンパスを見る

左：縦書きの旧正門

皮切りは、「新潟大学」本部のある五十嵐キャンパス（新潟市西区）の正門校名銘版（門標）から始めることにする。

戦後の新制大学として昭和二十四（一九四九）年に開学。分校だらけのたこ足、駅弁大学だったのが統合整備計画の下、昭和四十五（一九七〇）年にまず教養部が五十嵐キャンパスに移転した。遅れて本部は翌年五月に来た。同年末に正門設計と工事を発注、黒御影石の校名門標をはめ込んだ姿が完成した。この時点で既に誰の書なのかという記録が大学側にないという。

調べてみると、縦書きの四字を揮毫《きごう》したのは、竹内忠雄氏（一九〇七～一九八六）。号は臨川《りんせん》。旧板倉町（現上越市）の生まれで、高田の新潟第二師範学校教授から新大が開学した年に、教育学部高田分校の助教授に就任した。昭和四十六（一九七一）年退官後、名誉教授となった。上越地区のみならず、県下書道界の要職を歴任されている。

縦長文字を転用
今は横書きに

氏の関連資料を探る中で、昭和四十七（一九七二）年五月に開催された「書道科教員三人展」の図録を見ると、門標の原型肉筆と似通った作が出品されていた。同年十二月に出版した『退官記念作品論文集』には、黒御影石に刻んだ新潟大学の四字の写真も載っている。

この論文集の巻頭に、当時の長崎明学長のあいさつ文があり、執筆依頼の様子が読めた。「今春五十嵐の統合地の正門建設に当たり、その門標の揮毫を先生に御依頼」「早速書体を変え何枚かを書いてくだされ、その中からわたくしたちに選ぶように」と渡されたと記してあった。

それから半世紀が経つ。二〇一〇年には、大学六十周年事業として新たな正門が設けられた。かつての正門の方は旧正門と呼ばれ、今に至る。

旧正門は縦書きだったのに、階段の構造に合わせてか横組み文字に変わっている。それまではあまり目立たなかった門柱の校名文字が、以来急に大学全体の広報活動のあらゆるところに使用されるようになった。竹内氏は自分の書が横書きになり、アルファベットと一緒に用いられるとは思いもよらなかっただろう。

現在キャンパス内を見渡して、時代の風格が残っているのは「大学本部」と、かつての「人法経済学部」銘版くらいだろう。他の学部研究科の銘版は正直、味気ない機械的なものばかりなのに、正門新設に際して従来の文字が転用されたのは、実にうれしいことだと思う。元来看板とは、たやすく掛け替えないものだ。

正門は大学の顔。例年、入学式や卒業式当日には、家族や友人とここで記念撮影をする、ほほ笑ましい光景が見られる。シンボルである四文字の筆者の名前も伝えたいものである。

（二〇二一年十二月四日 掲載）

〈追記・新潟大学七十五周年に当たり〉

二〇二四年が新潟大学創立七十五周年に当たることを記念し、新潟大学旭町学術資料展示館において「新潟大学門標を書いた竹内臨川とその周辺展」を企画開催した（二〇二四年十月十二日〜十二月十五日）。大学所蔵の作品を中心に、書道科の学び舎の特色である教員と学生、学生同士の絆の豊かさが紹介された。

2 多彩な人物　木額に書と絵画

■ 白山神社

新潟市中央区

まず参道入り口にそびえる「白山神社」社標だが裏面に「大正四（一九一五）年三月建」とあり、下に奉納者氏名、側面に「前田　圓謹書」と筆者の署名を刻む。兵庫生まれの黙鳳《もくほう》と号した近代書道界で有名な人物の書だった。

朱塗り鳥居に「木暮山人《こぐれやまと》謹書」と署名のある社名額が掛かる。明倫短期大学創立者の書だと、神社より教示を得た。続く一の鳥居には、かつて東郷平八郎書額が見られた。この足元石柱裏に「嘉永五（一八五二）年廻船問屋江口善平寄進」と刻む。そもそも白山さまは琴平《こんぴら》、住吉さまと並び水上交通の神だった。「新潟恋しや　白山さまの松が見えます　ほのぼのと」と新潟甚句《じんく》にうたわれる。神社の海辺側に広がる松林が、新潟湊を目指す船頭にとってひと安心する目印だった。次の鳥居の石柱にも「為　海上安全　安政三（一八五六）年六月」と刻み、しかも遠国広島から運んできた石材で建てた。水運で新潟が他国と結ばれていた様子がしのばれよう。

拝殿にたどり着く。賽銭箱《さいせんばこ》の真上に「盛哉」とのびやかに墨書した木額が掛かる。明治の三筆、けた違いで有名な書人・巖谷《いわや》一六《いちろく》の書で、明治三十四（一九〇一）年九月の作。この年、一六は夫人を伴い佐渡に赴き、真野の山本家に宿泊している。一六書額右側の掲額の他、いくつかの木額類は文字が消えかかっている。中に、長野の画家・小山雪亭の桜図に、初代萬代橋を架けた八木朋直《ともなお》が、「怠らぬ永き勤《つとめ》にうつくしきほまれのはなの咲きにけるかな　七十三翁柳雪」と句讃をした木額があった。大正二（一九一三）年作。

いよいよ拝殿正面に立ち拝む。右側に県指定文化財の巨大絵馬、これは新潟の画家・井上文昌《ぶんしょう》作。屈指の大地主市島氏が奉納したもので、大社にふさわしい。寸法ばかりか、天下の台所・大坂と直結した新潟湊の米の積み下ろしの光景が描かれ、米どころ本県の顔といえよう。

港町の歴史刻む
鳥居と絵馬

上：高橋松顧書「神明照覧」木額

右：巖谷一六書「盛哉」木額

さて一番大切な正面木額には、「神明照覧」の四字を刻む。今まで見てきた額と比べ、文字に塗られた金箔が退色しておらず、まぶしい。大広間に映える堂々とした隷書だ。縁《ふち》に昭和二十六（一九五一）年九月三十日、小林百貨店社長が奉納したことと、「松顧《しょうこ》」と書き手の名を刻む。

この度ようやく書者のことが分かった。本名高橋政一《まさいち》。旧越路町（現長岡市）の大地主の一族で、同町浦《うら》の生まれ。遅くとも昭和初めには新潟市内に移住、昭和四十二（一九六七）年頃までは関屋田町で書塾を開いていた。ローマ教皇二代にわたり接触をし、教皇に日本の古写経を贈呈した。それらがバチカンに保存されていたことが最近明らかになり、国際的学会で話題を呼んだ。

かつて書塾に通っていた方の話では、まず玄関で「御《ご》免《めん》」とあいさつをして入る。国の宝である児童の教育、しつけに対し、親身になって教えを受けたことが今になっても忘れられないという。

以上まとめてみると、少しずつ整備がされてきた神社の歩みと、さまざまな市民の関わりが額に読めた。参拝する際のご参考までに。

（二〇二一年十二月十八日掲載）

3

人生を懸けた温かみ

■清風書院

新潟市秋葉区

年末年始、年賀状や書初めなどでこの時ばかりは筆や手書きを意識した方がおられるだろう。書道塾の看板がめっきり少なくなっている中、かねて気になっていたものを紹介する。

新潟市秋葉区にある「清風《せいふう》書院」。経営者は坂井清風（一九三〇～二〇〇六）。初代はブラジルに渡り「ハワイ屋」の屋号で傑物として地域に知られる。

三代目の清風は国鉄勤務をしながら、初めは近くの佐藤翠月に書を学ぶ。やがて豪快な書風に憧れて新発田市の弦巻松蔭《しょういん》に入門する。するともっと本気でやれ、こんな書ではだめだ！　と喝を入れられ、無茶なことに四十五歳で早期退職をしてしまう。以降、人生イコール書の日々を送る。

ご子息で同じ道に進んだ清龍《せいりゅう》氏に話を聞いた。稽古場を拝見すると部屋の正面に掛かる清風書「切磋琢磨」額が入室者をにらみつける。ゴロンとした大筆がたくさん下

安田焼に文字が浮かび上がった「清風書院」の看板

ご子息の坂井清龍氏

安田焼に浮かび上がる字

がる脇に、自然の小石が対照的に並ぶ。師・松蔭譲りの石集めの趣味に加え、清風の本名が石平《いしへい》ならではのこともあろう。さらに松蔭の師で戦後、中央で書の革新に努めた上田桑鳩《そうきゅう》との交流資料も飾っている。この桑鳩、松蔭、清風と中央と地方文化が結ばれた軌跡が部屋には詰まっている。その道をご息子が継いでいるのも佳話である。

清風は「創風会」を率い平成四（一九九二）年から毎年、新潟市内で社中展を八回開催したが、当時の懐かしいポスターも壁に貼ってあった。

注目の看板だが、実に変わっている。旧安田町（現阿賀野市）の安田焼の黒茶色をした肌に、文字が浮かび上がっている。掛けたのは三十年以上前のことで、当時同門で皆国鉄マンだった古山和風、菅井慶城と五頭山周辺の華報寺《けほうじ》で合同錬成会を開いていた。看板は、ある年、近くの窯元に遊びに行き清風自身が書いたものだった。一見して、上田桑鳩系の温かみを帯びた表情の書になる。

清風の代表作をご子息に問うと、昭和五十一（一九七六）年中央展での上田桑鳩記念賞受賞作という。軸装実物を拝見することができた。師・松蔭に雷を落とされ途方に暮れつつ、気分転換に外に出て草を刈って戻る。それを乾かして筆代わりに用いて生まれた作だった。

さらに父の思い出を聞く。「レベル、心構えが全然違う。職をなげうって全てを懸けた」「作品を唐草模様のふろしきに包み、背負ってバイクで新発田まで通い続けた。時に先生の御宅でできるまで書かされ、朝まで帰れず、娘さんの作ってくれた朝食をもらって…」など師弟間のやりとりを耳にしていたという。

今日、余暇の過ごし方の多様化で、各地にカルチャーセンターが開講されている。同時に指導者と受講生の関係も当然変貌を遂げている。「道」の付く習いごとで看板を外に出し教授をする個人経営の塾は、今後益々少なくなるだろう。そう思うと、教室というよりも稽古場、道場であった残り香がこの看板には染み込んでいる気がする。

（二〇二二年一月八日掲載）

〈追記・上田桑鳩略歴〉

上田桑鳩（一八九九〜一九六八）は兵庫県生まれ。現代書の父と称される比田井天来に師事。戦後前衛的な作品を発表する一方、古典研究にも優れた功績を残す。

4 文禄時代から続く老舗店

■大杉屋惣兵衛

上越市

「大杉屋惣兵衛」の看板とのれんの写真を大学生に提示し、何屋さんか聞いてみた。「和風」「敷居の高そうなところ」などという。次に木額三字の感想では「迫力」「普通の書家の字とは違う」「頑固者」といった回答。

木額の書は慈雲《じうん》尊者（僧）の研究家で、新潟大学書道科教授だった三浦思雲《しうん》（一九二〇〜二〇一四）によるもの。形式上の特徴だが、よくある左から右へ書くのと反対で右から左へと書かれている。これがかつての正式配字だった。先の新潟大学門標もしかり、看板佳書の場合、署名を入れない例が多い。

取材の応対をしてくださった村山比呂美《ひろみ》氏から後日、裏面に「壬戌　康山人記　小林紘一刻」とあることを伝えられた。「壬戌」は昭和五十七（一九八二）年。刻者は書道科卒業生で上越市在住の小林五空で、書の方は本名「康廣」にちなむ署名。昨年秋、小林氏に尋ねると、三浦先生からの依頼と記憶されていた。豪快な筆跡を刻字に再現するため、線のふちを深く彫り、線自体が立体的に浮かび上がるような工夫を施す。よって、商店街にあって埋没しない存在感を放っている。

平成一（一九八九）年、本町通五丁目商店街の店舗改装が一斉に行われた。掲額はそれ以前からだった。当時の店主・宮越光昭に宛てた三浦の手紙に看板に関する記述があり、裏面に刻してあった通り昭和五十七（一九八二）年中に完成、店は署名を入れることを希望したようである。

三浦は恩師・石橋犀水の後任として九州から高田分校へ着任。宮越は商売上、のし紙に書くこともあり、四十の手習いで娘の比呂美さんと三浦の指導を受けるなど親交が深かった。

上越市土橋《つちはし》の本舗工場にはかつて、柏崎の呉服商で当地を代表する文人・吉田正太郎の店名書木額が掛かっていた。これは吉田の書画版画作品集『縹亭《ひょうてい》余技帖』（一九六三年刊）にも写真が載っている。刻字は次男の古志《こし》

商店街で
埋没せず存在感

郎《ろう》。吉田の書が使われた理由が宮越光昭著『このまちで出会った人びと』（二〇一八年刊）に書いてある。

柏崎には越後上布・縮商人が多く、上流階層相手の手土産に日持ちのする上越の翁飴や粟飴を持参していた。吉田と大杉屋との関係はそればかりではなく、間に陶芸家・斎藤三郎（一九一三〜一九八一）が入るなど風流世界が織りなされていた。総じて通称「疎開文化」ともいい、独得の香りを放つ。著書には金原省吾、濱谷浩、坂口謹一郎、堀口大学、小田嶽夫、小川未明、棟方志功といった人々と店との心温まる交流が読める。

店は文禄時代（一五九二年〜）から続く飴菓子を主力とする。「変えてはいけない伝統的なものは、固く守っていくべき」「味とは復元の難しい〈文化財〉」とも著書にあった。改めて木額刻字を見ると、店主の想いにぴったり合致し、時代に流されない書に映る。

店のシンボルフラワーは斎藤三郎の描いた椿で、包装紙や看板商品の題字も氏の書を用いる。冒頭触れたのれんもしかり。斎藤の肉筆を型に染め抜いた三代目になるのれん一枚の奥からは、あたかも疎開文化人達の快活な談笑が響いてきそうである。

（二〇二二年一月十五日 掲載）

左：「大杉屋」の木額
三浦思雲による書

下：斎藤三郎の書を染め抜いたのれん

5

土地の顔たる文人書

■ 神林精肉店

柏崎市

右：忘庵作の陶製看板
「瑞気集門　神林軒」

下：1969年の店頭での写真

私の越佐文人研究は會津八一の印を刻した人物の調査より入り、まず平成四（一九九二）年から柏崎生まれの勝《かつ》田《た》忘庵《ぼうあん》（一八七六～一九六二）の取材を始めた。忘庵は地元新聞の主筆を務め、一時上京中に篆刻《てんこく》を学んだ。また六十の手習いを自認しつつ、書に磨きをかけた。実際に柏崎市内を歩いてみると、至るところに忘庵書を用いた看板があった。町の有力者が忘庵を支え「坐忘《ざぼう》会」と称すサロンを形成した。おかげで忘庵は悠々と清貧の生涯を送りつつ、たびたび個展を開き、書や篆刻、木額、河合卯《う》之助《のすけ》作の陶器に書を染付した皿などをたくさん残した。

「神林《かんばやし》精肉店」三代目・神林栄一社長も坐忘会の一員だった。忘庵の個展で仲間が競ってまずよいものを選ぶのに、栄一は残ったものを求める性格だった。大変な読書家で、家が沈みかけるほどの蔵書は地元大学図書館に寄贈された。

店は明治二十三（一八九〇）年に風呂屋兼旅館として

忘庵支えた坐忘会の一員

創業。明治三十（一八九七）年、肉店を専業とする。文明開花がうたわれた明治に入り、日本の食肉の歴史が始まるが、田畑仕事や山の切り出しなど牛が日常に目にされた時代、食肉といえば殆《ほとん》ど牛肉だった。やがて肉店は地元の旦那のひいき、そして高田十三師団の御用達《ごようたし》となり営業の礎を築く。柏崎では特別に土用丑《うし》の日に牛肉を食べる習慣があったくらい、人々に受け入れられた。鯖石地区から氷雪《ひむろ》を分けてもらい、のちに地下に大型冷蔵庫を設けるなど、営業に苦心が続く。

さて、通りの看板の文字だが、署名はないものの、ふっくらとした雄渾《ゆうこん》な楷書から山田鏡古《きょうこ》（一八四三〜一九二四）の筆と分かる。中国に渡り書画を学んだ、忘庵より一時代前の柏崎を代表する文人である。初代の神林仙左衛門が中国大陸で目にした吉語「瑞気集門《ずいきしゅうもん》」を、商売繁盛のキャッチフレーズに採用。店名に並べ、白地に黒の漆喰《しっくい》文字を店舗正面にはめ込んだ。看板下の格子は朱塗り、それと店名に「軒」と付けたのも中国文化を意識したのだろう。昭和の改元祝賀セールの店頭写真を見ると、看板を中心に豆電球細工の多用などが目を引く。

写真は昭和四十四（一九六九）年、いよいよ旧店舗を取り壊す日の朝、社員全員で撮影したもの。改築後、今も鏡古書看板は掛けられている。

お話を伺ったのは四代目社長の明氏。玄関の表札は忘庵の書、室内床の間には地元趣味人で民俗学者・桑山太市朗の画軸。火事にあっても焼けない看板として、忘庵にもらった陶製看板も拝見した。

古い写真の方は、頂いた『回顧百年』誌からの転載なのだが、その本の印刷は先に触れた坐忘会のメンバー・小竹天瑞堂による。ちなみに少し前の地元新聞記事に、ここ西本町は百年の歴史をもつ「老舗出現率日本一のエリア」との見出しが読めた。ただ、百年の歩みをまとめた周辺の他店冊子を見ているが、神林さんのように初代以来、土地の顔たる文人書を看板に掲げる店はない。

——忘庵と桑山太市朗のことは次回に続く。

（二〇二二年二月五日 掲載）

〈追記〉

忘庵・鏡古の他、江戸後期から昭和期までの柏崎書画文芸家の足跡を集めた資料に『柏崎文人山脈』（岡村鉄琴著・二〇〇〇年刊）がある。

■柏崎の老舗あれこれ

柏崎市

6 文人同士の交流の証

江戸時代後期、「柏崎に草鞋《わらじ》を脱げれば一人前」と文人仲間で語り合われた。ここは書画文芸に目の肥えた地主や商人が多く、彼ら自身も江戸や上方の大家に師事し、余技ならぬ味わい豊かな詩書画や俳諧和歌を残している。柏崎の生んだ最後の文人と呼びたいのが、前回登場した勝田忘庵だった。

町内を歩いてみると、かつては至るところに忘庵書の看板があった。例えば「小竹天瑞堂」（印刷業）。社長の小竹久《きゅう》爾《じ》は県印刷組合副会長そして大の吉野秀雄びいきだった。いわばここを訪れた最後の大物文人が、柏崎人を母に持つ歌人・吉野だろう。

創業一五〇年に及ぶ菓子店「最上屋」（西本町）の看板も、忘庵の筆による。店外の看板に署名はないが、昭和二十五（一九五〇）年に石黒敬七の描いた「観光柏崎遠望之図」を印刷した包装紙に、「忘庵題書」と署名の入った看板文字の原型が並ぶ。ご覧のようにヒョロリとした細線が忘庵流で、これを模範としたらしく当地の看板屋さんの字の多くが似通っていた。しかし今回、改めて調査すると、確認できる忘庵筆の看板は非常に少なくなってしまった。

最上屋は吉野とも際立った親交を結び、当地ゆかりの吉野詠書の代表作「北海大風」六首連作にちなむ菓子のしおりも作成していた。

柏崎駅前にあった菓子店「美野屋」。忘庵筆になる名物「明治饅頭《まんじゅう》」の題字と、店内中央の巨大な木額看板が印象に残る。閉店された今、あとを追ってみた。所有者のご好意で大看板の撮影を許されたので写真に示す。

上越の大杉屋看板を書いた吉田正太郎と、前回の連載でつづった神林氏の床の間で見た絵の作者・桑山太市朗の二人も、大正・昭和の柏崎文化を支えた有力者だ。

桑山は新潟日報文化賞を受賞した民俗学者で、駅前旅館と皆が呼んだ多彩な人脈を持つ。ハイカラな絵の具を扱う文具店「戯魚堂《ぎぎょどう》」を、半分は趣味で経営していた。店に

随所にあった忘庵流の書

左：最上屋の入り口にある看板

下：美野屋の看板

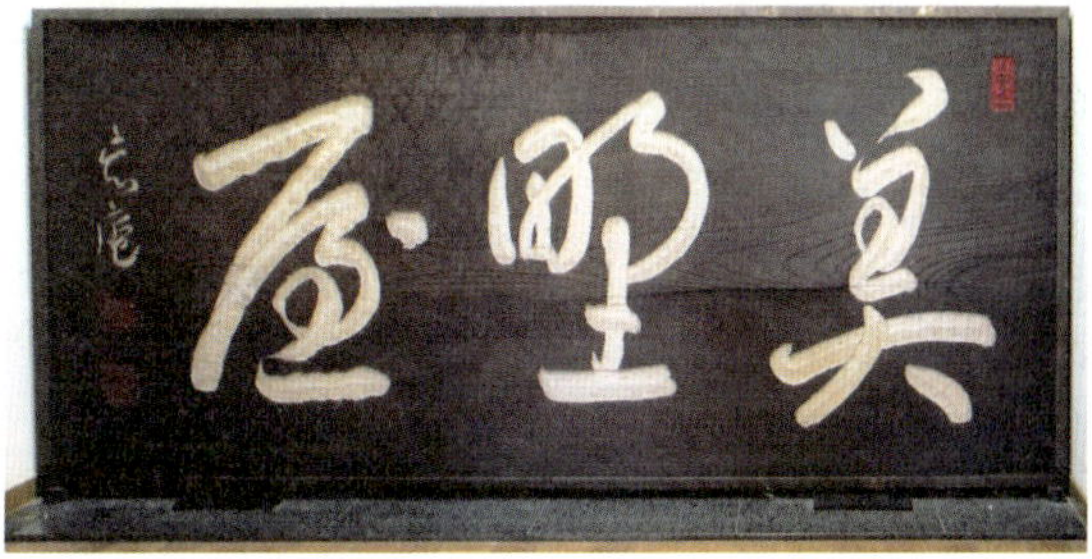

掛けていた木製看板は吉田の書だった。

　思えば忘庵を棟梁《とうりょう》に小竹、吉田、桑山その他趣味人、起業家が多彩な文芸活動をくり広げた時代、市内にはさぞや見応えある看板が掲げられていただろう。何しろ書き手の候補がたくさんいる土地柄だったから。なお地元新聞「越後タイムス」がこれら文士をつなぐ役目を担っていた。タイムスの看板は、来遊文人の小川千甕《ちかめ》の筆だった。

　話は飛ぶ。新潟市古町通三番町に「さくら書房」という店があった。柏崎経済界に名を残す藤田敬爾《けいじ》の奥さまが店番をしていた。その店を閉める時、忘庵書の木額看板をくださると私に声が掛かり、今でも大切にしている。

　もう一つ、先の「戯魚堂」看板だが、これは現在新潟日報「窓」欄の題字を担当する桑山戯魚氏の所蔵である。氏の父は桑山太市朗の弟で、「戯魚」の雅号はこの看板にちなむ。老舗の看板が、ところを変え今も生きている。

（二〇二二年二月十九日 掲載）

〈さくら書房の看板〉

7

良寛顕彰史の味がする菓子店

■大黒屋

出雲崎町

対岸の佐渡から陸揚げされた金銀の通る北国街道。その真ん中辺りの良寛生誕地に、気高い良寛堂が建つ。

街道沿いの「大黒屋」は明治十三（一八八〇）年創業の和菓子店で、お話を伺った小黒孝一氏は十七代目。家は元大工だったという。菓子店は氏で三代目になる。よく知られる商品は良寛百年忌（一九三〇年）に際し、各地から来た人々の手みやげとして作った干《ひ》菓子「白雪糕《はくせっこう》」だろう。ショーウインドーの上に掛かる、この地で合宿をした二松学舎大学書道専攻学生の刻字看板が目に入った。題字の脇に「良寛の好物なり」と刻むように、実際良寛の手紙に三回はこの菓子名が出てくる。

また、大正十一（一九二二）年、良寛堂新成式典参加者へ披露したのが「鍋蓋落雁《なべぶたらくがん》」で、二つの菓子はいずれも地元の旧家で良寛に生涯を捧げた佐藤耐雪《たいせつ》の発案による。他、「月の兎」「良寛せんべい」など「看板商品」は皆、良寛にちなむ。ただし単純な命名ではなく、誕生の経緯と

左：街道沿いの川口霽亭書の看板

下：店内奥の法輪寺御住職による書額

菓子店内外に多彩な筆者

製法、その味は相馬御風、安田靫彦《ゆきひこ》、大島花束《かそく》といった名だたる良寛敬慕者の推奨を受け、箔が付く。証拠として、菓子のしおりや包装紙に御風や靫彦の書画が読み取れる。

良寛菓子を世に送り始めたのは先代の甲子喜郎《こしきろう》で、現当主がそれまでたくさんあった種類を良寛に特化して今に至る。

さて、ここから触れる店の内外の看板については、菓子ほど話題になっていない。

まず店外に、白木に緑色の文字を彫った立て看板を下げる。両面刻で、各面の筆者は異なる。一方は宮崎童安。随分前に良寛をたずねて数泊した静岡生まれの思想家で、店内に童安の豪快な書額が掛かっているが、これを元にして刻字は成った。

もう一方は名古屋の書家・川口霽亭《せいてい》の書を彫ったもの。氏は早くから全国良寛会をはじめ顕彰活動に尽力、惜しくも一昨年亡くなられた。昭和の終わり頃に書かれたと当主が記憶する、肉筆原本も拝見できた。

この木額を刻したのは、当主の弟だった。改めてじっくり看板を見つめてみると、元になった肉筆と別趣のひょうひょうとした味が漂っている。「一人彫る人が間に入ると味が変わるものだ」と当主も語った。平成十（一九九八）年頃に掛けたらしい。

天井の高い店内奥には大きな「大黒屋」書額。これは奈良の法輪寺御住職が付近に滞在した時に書いたもの。

もう一つ、昭和初期に地元の書店「天屋《てんや》」主人の筆による「良寛上人おぐらかん（ようかん）」木板墨書も風格を帯びている。良寛を慕うさまざまな文化人の来遊に刺激を受け、地元にも味のある教養人が存在していたのだろう。

帰りぎわに御当主に良寛についてと伺ったところしばらくして、「語り尽くせない」とポツリ。御年九十歳、重みある一言だ。

（二〇二一年三月五日 掲載）

〈二松学舎大学生作。「白雪羔（糕）」〉

8 脈々と続く学びの場

■ 久須美家「住雲園」

長岡市

旧和島村（現長岡市）の歴史的文化財として、良寛の墓と中越屈指の庭園として名を響かせた久須美家の「住雲《じゅううん》園《えん》」がある。

久須美家は父の仇討《あだう》ちを果たした曽我兄弟の一人、鎌倉武士を祖とする。家の歴史を簡単に記すと、一族から勘定奉行、佐渡奉行を出したほどに江戸幕府を支えつつ、あわせて勤皇《きんのう》思想を持ち、幕末には官軍に味方した。この時、邸園に陣を敷いた会津軍が退却時に火を放ち、惜しくも当時の多くが失われてしまった。

だが名園の面影は、江戸後期に当家に逗留した著名な文人達の詩や文によって残った。老松が庭を履い雲を凌ぐとうたわれた住雲園の命名は詩人・大窪詩仏《しぶつ》による。好学の当主が開いた学塾「暘谷《ようこく》館」は、儒学者・亀田鵬斎《ぼうさい》が名付け親だ。谷間から輝き高く昇る太陽という意味で、郷土を切り拓く人材育成の場所にふさわしい。

さらに近代に至ると二十七、二十八代目の久須美秀三郎と東馬《とうま》父子は北越の鉄道王と称され、多大なる地域貢献を果たした。大正一（一九一二）年に現在の越後線、続いて十四（一九二五）年に、弥彦線の基盤になった私鉄を開通させている。山縣有朋、勝海舟《かつかいしゅう》、大隈重信、渋沢栄一など中央政財界の雄と通じ、彼らから資金協力が得られた背景には、父子の人望があった。

ちなみに名園は、遠く弥彦山を借景とするのが自慢だった。次第に東馬は弥彦に心を寄せ、そこに広大な敷地による市民開放型公園を築造、のち弥彦神社に奉納し今に至る。

明治期書家の第一人者・日下部《くさかべ》鳴鶴《めいかく》が明治二十三（一八九〇）年秋、上質の絹に揮毫した「暘谷館」扁額も、かつてをしのぶ重要資料である。邸園から一度流失したものが、奇跡的にここに戻されたという。鳴鶴の旅日記を読むとこの年与板、新潟、村上、新発田、県下広域を遊歴していた。

人育み
鉄道王の気概宿る

また現当主三十代・康徳氏はたまたま、新潟市内の割烹旅館「小甚《こじん》」において二十七、二十八代の肖像画を発見、こちらも運よく里帰りが叶えられた。小甚は越後鉄道役員会の開催場所であった。

ところで私は長岡市「地域のお宝磨き上げ事業」の一環で、毎年旧和島村島崎の北辰中学校全校生への出前講義に伺っている。良寛と住雲園を含む郷土文化の解説と、書写の実技指導だ。助言するごとに皆「はい」と返ってくるのは、大学生相手ではあり得ない。また皆が「良寛さま」と呼んでいるのにも驚く。学校教育プラス家庭環境がなせるものだろう。聞けば中学校では「良寛さまを歩く」と称し、毎年学年ごとにルートを分け、出雲崎町良寛堂、旧与板町河川公園、旧分水町五合庵《ごごうあん》の三地点から学校まで片道を歩いている。在校中に全てを体験でき、まさに地域独自の学修である。

なお生徒は春秋に住雲園の清掃活動にも参加。ここは保育園時代の遠足先であった。

このように、当地にとって良寛と久須美家住雲園を中心とする先人の足跡こそ、なくてはならない教育上の金看板といえよう。

（二〇二二年三月十九日 掲載）

上：日下部鳴鶴書
「暘谷館」扁額

右：弥彦山を借景とする
住雲園

9

染み込む古町の歴史

■ 笹川餅屋

新潟市中央区

上：正面の門外書「笹川餅屋」看板
71頁参照

左：西堀通側

オブジェの如く店頭に置かれた使い古しの木と石の臼《うす》こそ、いぶし銀の看板であろう。

「笹川餅屋」は新潟市中央区の鍛冶《かじ》小路と西堀通が交差する角地にある。戦時中、諸事に備え道幅を広げた時、一度店は壊された。再建した姿が今の状態と聞く。周囲の店に比べ外観が重々しく見えるのは手書き看板を主とする全体のディスプレイと、商いの内容によろう。

郷土史家の笹川勇吉（一九一〇～一九九八）が四代目、五代目悦生《えつお》は父が余人に代え難い趣味に没頭する傍ら、二十代半ばで家業を継いだ。店を長くきりもりした悦生の跡を、ご子息の太朗氏が六代目として守っている。

餅屋の一日は早い。八時までに原料を作る。昼までに数人の手作業であんこを生地で包み、午後は翌日のあんこの仕込みに精を出す。この始めと終わりの工程は、店主一人で取り組む。

店の隣室の工場も特別に見学を許された。百年は経つ

先代の書画に見守られ

巨大な石臼の上に、杵《きね》の役割を果たす自動餅つき機があった。単純な上下運動の間に入る、手でこねる加減が季節によって異なる。なお笹団子は四月から六月、特に白山神社春祭りの頃と、お寺が檀家からもらった餅米を加工して仏様へのお供え分を作る、十一月以降の年末が繁忙期という。

店内外に目を配ると、歴史を刻むさまざまな広告類が掛かっている。鍛冶小路側正面の「笹川餅屋　甲辰之端午　門外」と刻む木額看板がメインだ。文字に緑青《ろくしょう》を施した風格あるもの。そして店内には「おもち屋」と書いた木額。二つともに付近古町通の山文そば屋店主だった、酒井議三郎の筆である。「門外《もんがい》」と号すこの人物は、會津八一と親交を持つ古町の顔役だった。

注目したいのは、木額が昭和三十九（一九六四）年五月筆という点だ。この年六月に国体を控え、市の中心部は来県者の増加を期待して特別な高揚感を帯びていたに違いない。笹団子は、新潟土産の代表的な一つとなった。

門外書による木額看板の右には、悦生の手による書画看板が並ぶ。勇吉の笑顔を描き、その父の口調で「じんぎ」と題し「いっつもいっぺこととこうてもろてほんねありがてかったれね…」と新潟弁で謝辞を書く。真下のウインドーには、やはり悦生が各地を旅行して集めた餅関係の郷土土産がぎっしり並んでいる。

木額看板の左側には臼と杵の組み合わせによる木製の店のトレードマーク、そして「笹団子」「笹ちまき」「堅餅《かたもち》」など主力品名を書いた木札が掛かる。さらに左端の上方にはお稲荷《いなり》様を安置し、下方のウインドー内に勇吉時代からの郷土資料を展示している。

一方、西堀通側には幕末の来越文人・寺門静軒《てらかどせいけん》の『新潟冨史《ふし》』を出典としたようによそおった「大福餅の詩」を書いた看板。その下の壁面にまた、大きな臼と杵のマークが登場する。

お話を伺った事務所には、かつて堀と柳の番人のような勇吉の姿があった。若き六代目は、幼稚園時代から祖父に手を引かれて、近くの佐久間書店や茶会に出かけたという。この事務所の空気を吸っていればほどなく、代々受けつがれてきた店の貫禄が太朗氏にも染み込もう。

（二〇二二年四月二日 掲載）

10

客迎える十九体の達磨

■百年料亭 宇喜世

上越市

昭和の香りをとどめる飲食店がぞろりと並ぶ上越市の仲町通りと、親鸞聖人が開いた浄興寺に向かう大門通りの交差する角地に「百年料亭 宇喜世《うきよ》」は建つ。江戸末期、仕出しを営む個人の名を取り「寺島屋」でスタート、遅くとも昭和一桁には今の店名に変わる。「浮世」とは定めのないはかなき世のことで、国登録文化財の二つの門は世俗と別天地の境だったか。ぜいを尽くした娯楽の境地が建物の中にあって、以前であれば一見様《いちげんさま》お断りだった。今ではランチも営業して、市民開放型の雰囲気を味わえる。

目がくぎ付けになったのは仲町通りに面した「東門」。梁《はり》の中央の看板に、十九体を数える朱塗りの達磨《だるま》を彫り付けた扇型の木をはめ込んでいる。扇の外にもあふれ転げ出た二体、人生七転八起のことわざの象徴である縁起ものがにぎやかに客を出迎えるのだ。

他方、大門通りに建つ茅葺《かやぶき》屋根の「北門」には、左右の柱に詩書を彫った対聯《ついれん》（柱掛）がある。昔の写真と比べると、対聯は二代目らしい。ここから正面玄関を望んでみる。玄関にも詩書を彫った対聯が掛かり、一種の文人趣味が漂う。上部の「有喜世」三字額は、げんをかつぐ勘亭《かんてい》流の如き書体による。対聯の詩書同様、筆者が分からない。

中に入ると、かつては巖谷一六書額が掛かっていたが、勝海舟作に変わっていた。海舟は岩の原葡萄園創業者の川上善兵衛の肖像画に長文の画讃を書いたり、旧板倉町の儒家・増村朴斎《ぼくさい》と親交があった人物だから、上越ゆかりの作の可能性がある。

話を伺うと十年程前に経営者が代わられた。次代に伝えるべき老舗料亭の名と建物を守るべく、現オーナーは独自の活動を続けている。「百年料亭ネットワーク」と称し、ご自分の目で確かめながら全国の仲間づくりをしつつ伝統文化継承をチームで目指す。

支配人の加藤公一氏より、大小多くの部屋につき説明を受けた。一五三帖の大広間の工芸面の魅力は、四季や松

対聯の詩書
文人趣味漂う

左：東門の看板達磨

下：正面玄関の「有喜世」木額と対聯

竹梅を象った頭上の照明と、天井絵のコラボである。いくつか絵の横額（扁額）が掛かるが、昭和前期作とみた。

二階「月の間《ま》」は三日月を象った飾り窓の部屋で、床の間に地元上越生まれの画家・横尾深林人《しんりんじん》が描いた雲間の月光図軸を掛けるのは、所を得ている。

中三階「萩の間」に上がる階段は細く急で、部屋から外に出る不思議な扉があった。先の勝海舟も、ここで密談中に命を狙われ脱出したかもしれない、などと話題が膨らむ。

ＶＩＰルームの四階「妙高の間」はその名の通り、天井の木彫り細工までが山へと視線を向け走っている。床の間の小林古径の額を鑑賞したが、この人の温容な絵はどの空間にも合う。

特筆したいのは、「東門」看板にみた達磨が各所の柱に描かれていたり、達磨型の木材が床や壁、階段の柱などに細工されていたりと、局部に点々とひそむことだ。大工自身、楽しみながら手塩《てしお》にかけて完成させた職人気質《かたぎ》を、料理と一緒に肌で感じてほしい。

（二〇二二年四月十六日 掲載）

11
付記からたどる背景

■ 新潟県立巻高等学校

新潟市西蒲区

大学四年次、教育実習で「新潟県立巻高等学校」に行き、書道教諭の佐藤光堂《こうどう》氏より専門的ご指導を受けた。余滴として、校内にあったこまどり食堂の味、近くの骨董店に連れて行ってくださったことなど思い出が多い。

学校沿革史だが、旧制巻中学校と旧制巻女学校を基に昭和二十三（一九四八）年、新制巻高校は誕生。今年度一一五周年を迎え、卒業生は三五〇八三人に上る。二〇一一年に完成した新校舎で、現在一学年七クラスの生徒が学ぶ。

以前の印象とガラリと変わった校舎の取材を許された。「巻高のお宝」なるパンフレットがまとめられており、開学以来の所蔵品の概要が分かる。

関心を抱くのは、高校のルーツ「新潟県立巻中学校」と墨書した掛軸で、かつての門標文字の原本といえるもの。筆者は山形県鶴岡市生まれ、京都帝国大学卒後、新潟大学理学部に赴任した坂部鶴丘《かっきゅう》（本名重寿《しげとし》・一八八四〜一

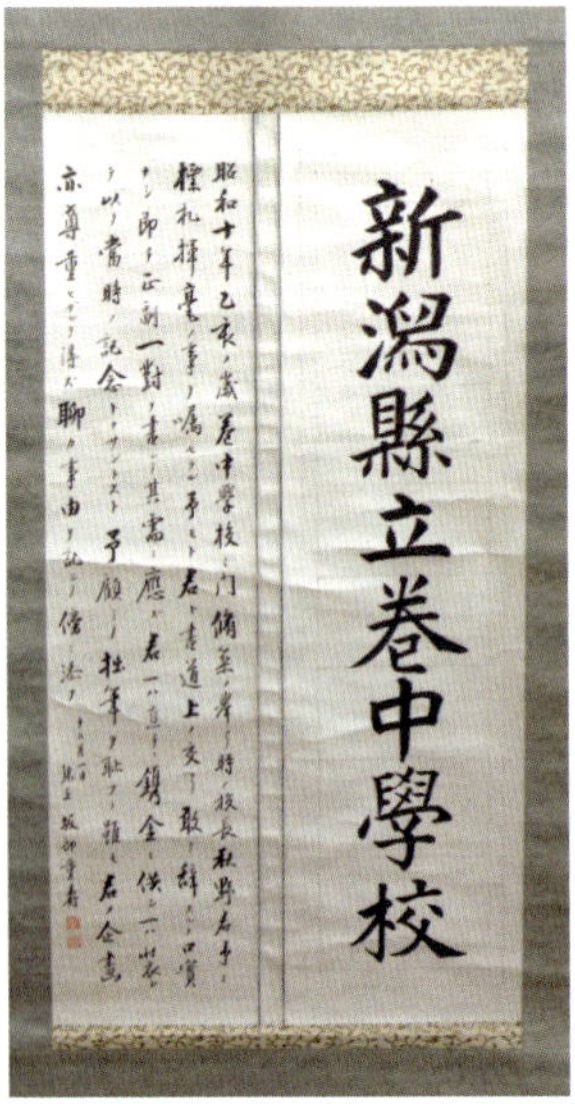

右：坂部鶴丘による校名肉筆書軸

下：嘉納治五郎の書額

本県黎明期の書人の足跡

九五三）。近代日本書道界のリーダー・日下部鳴鶴門下の書人で、妻は同じく鶴岡で活躍した鳴鶴門の重鎮・黒崎研堂の娘である。かねて私は新潟県下書文化黎明期《れいめいき》の書人調査を目指す中、鶴丘門の吉井湛水《たんすい》から、かつての新潟県庁の木製看板墨書が、坂部の筆であることなどを伺っていた。昭和二十九（一九五四）年に岡田正平県知事が書いた看板は知っていたが、別作があったか。

また明治十一（一八七八）年明治天皇御巡幸の際、今日の「目の愛護デー」設定につながる御下賜があったことを伝える「聖蹟記念碑」を、昭和十五（一九四〇）年に坂部は書いている。澤田敬義《けいぎ》撰文になり、新潟市医学町通に建つ。

このように坂部は、当時本県書人の重要な地位にあった。なお坂部のことは、近年鶴岡市から社会人枠で新潟大学に学ぶ聴講生より、多くの教示を得た。

さて肝心の校名肉筆書軸左側に、大切な付記が読めた。要約すると、「昭和十（一九三五）年校門改修に際し、秋野亀太郎校長の依頼に応じて正副二枚を書く。一つは鋳金に回し、一つは記念に保存するように」と、坂部自身が一文をつづっている。校長がこのただし書きも一緒に一本の軸に表具したおかげで、門標揮毫の背景が読めた。軸には文頭に紹介した書道教諭の佐藤氏が、昭和五十六（一九八一）年に価値を明らかにする狙いから箱書きを施し、現在は校史資料室で大切に保管している。

ちなみに、同窓会の依頼で創立八十年に校歌、創立一一〇年に「文武両道」と佐藤氏が書いた大額二枚を体育館に掲げている。驚くことに氏は、昭和三十九（一九六四）年から平成四（一九九二）年まで異動することなく巻高一筋で書教育に当たられた。

ゆえに、「校史」に載っていないこともよくご存じでいらっしゃる。秋野校長が教員のサークル活動の一環で坂部に書道の指導を仰いだ仲だったことや、現在の校門自体は新しいが、そこにはめ込んでいる昔からの校名板は、石崎種臣第四代校長が書いたことなど。もう一つ、格技場に掛かっている嘉納治五郎の書額について。これは生物教科担当で、強い柔道部を育てた田辺馨児教諭の関係で入手したのだろう、とも教えられた。名物教諭自体、学校の看板である。

（二〇二二年四月三十日掲載）

12

文人作品 惜しみなく

■ かき正

新潟市中央区

京都在住の書家・石川九楊《きゅうよう》展が新潟市内であった。三月に、氏の歓迎会が「かき正」（新潟市中央区東堀通）で開かれた際のレポートだ。店は昭和四（一九二九）年創業。店主の橋本忠人《ただと》は広島生まれ。春霞と号す高浜虚子《きょし》を敬愛する俳人だった。常連客に虚子門の逸材で新潟医科大学教授の中田瑞穂《みづほ》（俳号みづほ）と高野素十《すじゅう》がいて、二人は虚子が来県すると、よくここで接待した。

　今回石川氏を囲んだ部屋はかき正の離れ三階で、かつて虚子やみづほ達が宝生流《ほうしょうりゅう》の句謡会を開いた由緒ある空間だった。石川氏が注目する俳人河東碧梧桐《かわひがしへきごとう》は、この虚子と同じ正岡子規門下の俳人だった。しかし二人の書は、まるで異なる。全てが革新派の碧梧桐に対し、虚子の書はおだやかで丸みが強い。客観写生俳句の伝統を継ぐみづほや素十、加えてかき正主人春霞の書も、皆丸く滋味さが漂う。当日の床の間には虚子句書、「客ありて梅の軒《のき》端《ば》の茶の煙」軸を鑑賞できた。

　この部屋には春霞の初期の俳句の師・松瀬青々《まつぜせいせい》の書額と、京都大学総長で医家、旧味方村（現新潟市南区）生まれの平沢興の手紙が額に入っていた。宛名の「おばあ様」とは春霞の妻キクエで、店を切り盛りした働き者だった。

　一方、主人は板前に料理を任せるタイプだったが、句友先輩の接客に貫禄を示した。昭和三十五（一九六〇）年には東堀通をはさみ、離れを建てた。その二階に一〇〇人は入る広間があるが、入り切れず帳場や私用の空間でよいから飲ませてくれと頼む客であふれた時代があったのだ。床の間に寺崎廣業の山水画を拝見したが、かような軸は春霞の集めたもの。それを現在、女将《おかみ》のウメノ氏が管理し季節に合ったものを掛けている。昭和三十六（一九六一）年加茂から二代目忠史に嫁《とつ》ぎ、今日までの店の歩みをよく教えてくれる方だ。三代目宏氏は、揚げ物を中心に精を出す。

　かき正の離れ正面では、虚子書の三字木額を看板とし

昭和からの歩み
感じさせ

て掲げる。玄関に入ると虚子、みづほ・素十、高橋すすむ、春霞の句書短冊が並んで客を迎える。右には店のお宝である虚子句、「かき正が揃えたりやな桜鯛」を刻む木額。昭和二十三（一九四八）年に一回目の句謡会がここであった時、食糧難にもかかわらず全員の膳に鯛を並べた春霞のもてなしに、虚子が深謝しての一句だ。玄関左には、みづほが昭和四十七（一九七二）年に二匹の鯛を描いた作が目に入る。みづほは脳外科の権威たる本務に通じる、また句作の姿勢と一致する精密な写生水彩画を得意とした。

昭和四十（一九六五）年、かき正の味を手ごろに提供すべく、隣接してかき忠を開店。坂内小路に面したその入り口には、縦横二枚のみづほ書看板額がある。そして店内にもみづほの画、このように惜しみもなく虚子系文人の文芸作の肉筆が鑑賞できるのは、価値が分かる人や好きな人にとって、たまらない魅力だろう。

結びに。かき忠のみづほ看板の隣には「下関のふぐ、広島のかき」を扱うとの看板、料理屋の正真正銘の看板はこれにあり。

（二〇二二年五月七日 掲載）

かき忠入り口

名物のふぐが掛かるかき正の母屋

■九重園と松本園

村上市

13

威厳漂う字形に注目

上：九重園正面風景

右：松本園の衝立

村上市は言わずと知れた北限の茶どころで、知名度の高い茶舗が点在する。

「九重園《ここのええん》」について九代目・瀧波匡子《きょうこ》氏に取材した。福井県瀧波村から杜氏《とじ》として北海道へ向かう途中で船が難破、上陸したのが現在の村上市新町《あらまち》だった。初代は鍋屋重兵衛と称し、鍋や釜を商いながら茶畑でお茶を製造する。今のウーロン茶のような茶色いものだったが、藩主に命じられ二代目が本格的な茶の製法を目指す。宇治へ赴き柳田九兵衛《きゅうべえ》に学び、三代目の頃にはその弟子たちがたびたび指導に来越し、製造が軌道に乗る。そこで恩人の名前から「九」、主人の「重」字を合わせて「九重園」を店名とするようになる。以来藩の製茶取締役を担う。

室内の屏風が目を引く。おなじみのお茶づくりの一年を描いたもの、また毛一本一本を繊細に描く虎図は、江戸時代長期滞在した絵師が、後日返礼として送ってきたものだった。そもそも屏風は在庫品を隠す意味と、急なしつ

店内外の風趣は茶味にも

らい用の間仕切《まじき》りに立てていたという。

店名は県下に響くが、さて看板の方も、重厚な仕立ての木額が上がっている。文字と額縁の四隅などが金色に塗装され、豪壮な輝きを帯びる。「九」字の肩が右に上がって勇ましい字形を示し、全体に威厳を漂わせる。書き手は長岡市の書家・石丸雨虹《うこう》氏だった。先代が氏と知り合いで、元々縦書きの筆跡を横組みに加工したらしい。

店内に明治期以来使用する、印籠《いんろう》びつと称す茶箱が何種も並ぶ。麻に黒漆を塗ったもので、正面に貼られたたくさんの銘柄は、改めて石丸氏が筆を揮った。

今日の看板は十年くらい前からで、その前のものはと尋ねてみた。画像を探してもらうと地元の書家・須貝竹山の篆書《てんしょ》によるものだった。他、村上の書といえば古くは長尾秋水、のち前田松南そして佐藤竹南、林斗南であろう。

二軒目は「松本園」。入り口正面上に三字の木額があり、東京の著名な漢字学者の高田竹山の書を刻む。辛酉秋日、大正十（一九二一）年の筆跡である。

店内右には黒漆に金文字で和歌を細工した大型衝立、これは私にとって珍中の珍たるお宝だった。新発田初代町長、また一日千首の偉業で知られる歌人・原宏平《はらこうへい》（一八三八〜一九二四）の「茶」と題す自詠歌で、「人ごとにこの（好）めるものはこのめとて、うゑ（植）しむかしのこのめ（芽）也《なり》けり」と、よほど店主と懇意だったのだろう。大正十二（一九二三）年の七月に八十六歳で没した宏平の、その年五月の書という点にも注目したい。店内のウインドーには価値のある焼物が並び、飾った店主はただ者ではない。

店を辞去して、市内に伝わる書画解説者で知られる早房伸之氏宅にお邪魔した。そこで拝見した郷土図書の山貝如松著『見聞雑記』で、松本園の先々代・幸吉（号は柏堂）の刻字の技を称賛している。先の店外木額も幸吉の作であった。この店構えの風合が、茶味にも残っていよう。

（二〇二二年五月二十一日掲載）

〈追記・原宏平について〉

原宏平に関する資料に『新発田ゆかりの文人　原宏平集』（二〇〇四年刊）がある。新発田郷土研究会などと私が企画展をした記録集で、年譜や座談会記事を含む。

14

古典学んだ書家の筆

■天婦羅 田さき

新潟市中央区

街に夜のとばりが降りると、明かりのともった看板が存在感を発揮する。「天婦羅 田さき」（新潟市中央区西堀通）の看板文字には、前から惹かれていた。右肩に天婦羅、正面に田さきと書くのは江川蒼竹門の書家・坂爪叟玄《そうげん》氏。カリッと揚がった衣の食感を思わせる口当たりのよい線は、デザイナーの手によるものと異なる。専門的な日中先人の筆跡、いわゆる古典を手本に学んだキャリアがものをいう。

入り口の赤茶色ののれんにも、上方の看板と同じ文字を染め抜いている。押した印面から坂爪氏の書と気付く客が、たまにいるという。とくに昭和六十（一九八五）年発売の清酒「久保田」ラベル題字を書いてから、氏の知名度は抜群に高まる。

店主の田崎正道氏は旧笹神村（現阿賀野市）生まれで、新津の新森《しんもり》や松之山温泉の凌雲閣で修行。冬は東京の寿司屋で働き、和食全般に携わってきた。

天婦羅の道は凌雲閣時代、東京から呼んだ料理人から見習った。県下には意外と専門店は少ない。そばか、ご飯の付きものか。ここでは酒のつまみの看板メニューに定めている。

「和の食事と日本酒が合わないはずがない」と女将がいう。扱う酒は新潟市内野町の「鶴の友」で、関屋本村町の早福《そうふく》酒食品店から取り寄せている。早福岩男会長は坂爪氏と北越商業高校で二年後輩の間柄だった。天婦羅好きの坂爪氏を田さきに連れてきたのは、早福氏である。別の看板を用いていたところ「書いてやろう」と、昭和五十四（一九七九）年の開店間もなく掛け替え、四十年余りが経つ。あの「久保田」を書く前の話だ。

ならばと坂爪氏宅に伺う。ちょうど面白い看板の「新し屋酒店」を見つけ、そこで道を尋ねた。後で知ったが、坂爪氏の書いた看板第一号店だった。こちらも四十年前のことだ。

坂爪氏のところでは陶磁器や墨の成分の分析、師・蒼竹

日本酒がつなげた人の縁

坂爪叟玄書「田さき」の看板

同じく坂爪氏による早福酒食品店の看板、のれん

との思い出など話題が尽きない。朝日酒造で「朝日山」に加え、新銘柄の「久保田」が開発された時、酒造及び流通業に勤務経験がある関係上、重役からラベル題字の揮毫依頼がきた。「一カ月で六百枚書いた。原寸で。筆や墨を変え工夫して。三十枚を選び早福さんへ見せ、絞り込んだ」「越州は千枚書いた。古典が乗り移ってぬぐえず、蘇軾《そしょく》（中国宋代の文人）風になったようだ」と貴重な話ばかり出てくる。よいと思っても乾くとダメで、また書いた。「題字の依頼主は書を使う責任がある。約束はボツにしないこと。私も売れないと切ない。よい製品を作ってもらい自分も書き手の責任を感じて取り組んだ」とも語られた。

かつて県下蔵元の多くは、ひげ文字ラベルを県外に発注していたが坂爪氏の題字出現以来、書家の筆文字が見直されている。

以上全ての話につながる、早福さんに向かう。県内蔵元八銘柄の特製大看板を掲げる店構えは目立つ。こちらは、田さきを含む三店舗にしか酒は卸さず、あとは小売りとのこと。地酒ブームから古町芸妓まで、やはり話は掬《すく》い切れない。酒とは、さまざまな人情の絡み合いを演出するものだと改めて感じた。

（二〇二一年六月四日 掲載）

15

温泉街の文人の足跡

■ 五頭温泉郷と角屋旅館

阿賀野市

学生時代、石碑の拓本とりの手法を教えてくれたのは大泉蒲水《かんすい》で、下越各地の名碑を巡った一回目の研修の終わり、旧笹神村（現阿賀野市）華報寺内の温泉に一緒につかった。そこで不思議なぬるま湯のとりこになる。この時、境内と近くの二瓶《にへい》文和が経営する石水《せきすい》亭で相馬御風《そうまぎょふう》や石塚友二《ともじ》の書碑、竹久夢二作に接したのも忘れ難い。後、良寛にいち早く注目した大正期の来遊文人・山田寒山の書碑が、村杉温泉環翠楼《かんすいろう》の広大な庭内に建つことを知り、寒山展を企画した。以来地元の皆さんと六回に及ぶ書画展を重ねられたのは、一帯が文人研究資料の宝庫である証しだ。なお寒山書碑の肉筆が、六月二十六日まで出雲崎町良寛記念館で開催中の「良寛堂百周年記念展」で展示されている。

そもそもここ五頭《ごず》温泉郷は出湯、今板、村杉の三地点からなる。空海が開湯し一二〇〇年、微量の放射線を含むラジウム温泉が当地の看板である。村杉温泉の「角屋旅館」を取材した。

上：広大な環翠楼の庭にある
山田寒山書碑

右：角屋旅館看板肉筆と
女将の安永美幸氏

角屋旅館に残る地域の墨宝

創業一三〇年、農業を主としつつ地域の湯治場《とうじば》の形で出発した面影が、玄関右に掛かる荒木潤一郎の名が入った古い看板にうかがえる。孫の潤一氏が三十歳の時、隣の旅館跡を合併して現在の店構えとなった。バスで大勢来て大宴会、大浴場に入ってもらう昭和型の経営から、氏の娘婿で東京より店に入った安永俊氏が路線転換を図る。「一、三日はのんびり過ごしたくなる田舎の心地よさ」がキャッチフレーズの、全十室と少人数主義。露天と内湯の計四つが全て貸切風呂で、「あなたのかかりつけ湯」を目指す。ラジウム温泉は「吸う温泉」で、蒸気が体内を巡り免疫効果を高めるという。したがって、闘病中や手術後の常連も多い。世の中に左右されずに、と女将が口にした通りの落ち着く佇まいだ。

肝心の看板だが、静寂を打ち破る豪快な書額がフロントに掛かっている。署名を見ずとも一目で新発田の書人・弦《つる》巻松蔭《まきしょういん》筆と分かる。先代潤一氏と懇意の表具師・石原精一氏の仲介で、これを店外の木製看板に仕立てたのも氏の知人、熊倉仏壇店主だった。

室内の案内を受け私の専門上分かったことだが、県人最後の南画家・高橋五仙子《ごせんし》（一九〇三〜一九七八）の水彩画がたくさん掛かっている。角屋旅館を中心に、薬師堂の元に広がる温泉街を描いたり、炉辺《ろへん》の良寛坐像を描いたりした襖代わりの超大作など。描かれてもう半世紀近く経つらしいが、大広間に陣取りふんどしとねじり鉢巻き、ワンカップ酒を手に次々と絵筆を走らせる姿を見てみたかった。

当地の芸妓を描いた色紙に「またもおいでよ村杉の湯へ、そして角屋をわすれずに」と書くのは、粋人の本領発揮作だ。各部屋のネームプレートも五仙子の書だった。もう一人、新発田の画家・藤田熊雄による笹神村の名所旧蹟の写生画も、地域の宝だろう。

松蔭と二人の画家の作が店の看板、加えて温泉郷全体の代名詞は泉質と、山田寒山など多くの文人を魅了した悠久の自然に他ならない。

（二〇二一年六月十八日 掲載）

〈追記・山田寒山について〉

山田寒山（一八五六〜一九一八）に関する資料に『阿賀野市誕生記念　五頭山麓ゆかりの文人　山田寒山集』（二〇〇四年刊）がある。阿賀野市教育委員会などと私が企画展をした記録集で、會津八一や山田正平ら関係者作も含む。

16

八一が評価した筆致

■ 行形亭

新潟市中央区

日本海沿いに松原が続く。新潟市中央区西大畑町の「行形亭《いきなりや》」の亭内にも樹齢四百年を超える老松が繁茂、店の場所は当初より不変と聞く。創業は江戸元禄期で、二千坪の敷地に十三の離れ座敷がある。

元は浦島屋といった。浦島説話は、古く「万葉集」に載る。不老不死の世界、仙境での短い時間が現実世界では驚くほどの年月であった。こちらの浜茶屋で過ごすひと時は、説話のような世俗を忘れる仙境に値したのだろう。この旧名をしのび、「屋」の字の響きを残し「いきなりや」と呼ぶようになったという。

十代目・行形和也氏に取材をお願いした。女系が続く中、九代目の父・松次良《まつじろう》が、家を継いだ男子として初めて料理に携わったとは、意外な事実だった。これにならって十一代目・和滋氏まで三代続けて東京築地の新喜楽で修行をした。

和也氏が昭和三十九（一九六四）年に帰郷してまず手掛けたのは掛軸の整理と撮影で、季節にふさわしい床の間のしつらいを意識してのことだった。

そもそも新潟では「一見様《いちげんさま》お断り」という慣習がない理由や、瀧そうめんの始まり、弟子を出身地で呼ぶこと、祝儀札《ふだ》、姿を消す郷土料理など貴重な話を伺った。ご興味おありの方は店に予約を。

ただ一つ、「店の味は調理場の中でつながっている」と言われたので「令和のお味は」と質問すると、「過ぎて初めて分かるもの」と返答があったのを明記しておきたい。

ここからが私の専門の話になる。外観の黒塀垣は以前腐らない栗の木だったが、代々手を加えてきた。正面の門は大正四（一九一五）年に現在の二枚戸に替え、三字を刻む木額は遅くともこの時には掛かっている。

會津八一がいち早く木額の筆者を見抜いていた。「行形亭の門額は、岡田旭堂《きょくどう》といふ人の筆です。新潟のかなり裕福な廻船問屋の生まれであったが、家屋は次第に傾き

随所に
文人たちの粋と艶

明治二十（一八八七）年に死にました。この人は篆刻の方で有名です。疎略にされない方がよろしい。この三字の額もよく書けて居る」と年代不詳ながら、八一が近所の北方文化博物館新潟分館（伊藤邸）に移住後にしたためた、行形亭宛ての封書が現存している。

　旭堂（一八三四〜一八八七）については、大正から昭和初期の郷土図書『舟江《ふなえ》遺芳録《いほうろく》』『北越《ほくえつ》詩話《しわ》』『新潟古老雑話』ぐらいしか参考文献がなく、遺作も極めて少ない。察するに、行形亭の料理の敷き紙に多くの木版印を押していることから、これらも旭堂の刻印になるのだろう。

　別に一四〇畳の大広間に上がる玄関に、「意気宇利《いきうり》」（粋売り）の四字大額が掛かっている。店と縁続きである三条市鶴田の旧家・藤崎完太の書跡で、この人物も隠れた地方文人である。

　古くは明治三十年代、著名な書家・巖谷一六が遊んだ際に「遊亀也亭《ゆきなりや》」と、芸妓と過ごす空間に似つかわしい艶を加味した、あて字で額を揮毫したことが新潟新聞に読める。店の別名「松風亭」の命名も、一六による。他、素通りした来遊文人がいないくらい、皆こちらで書画会を開いている。

（二〇二一年七月二日掲載）

左：入り口の岡田旭堂による木額看板

下：藤崎完太書額と寺崎廣業画の衝立

■ ギャラリー山源

南魚沼市

17

圧巻五十二枚 無二の表札

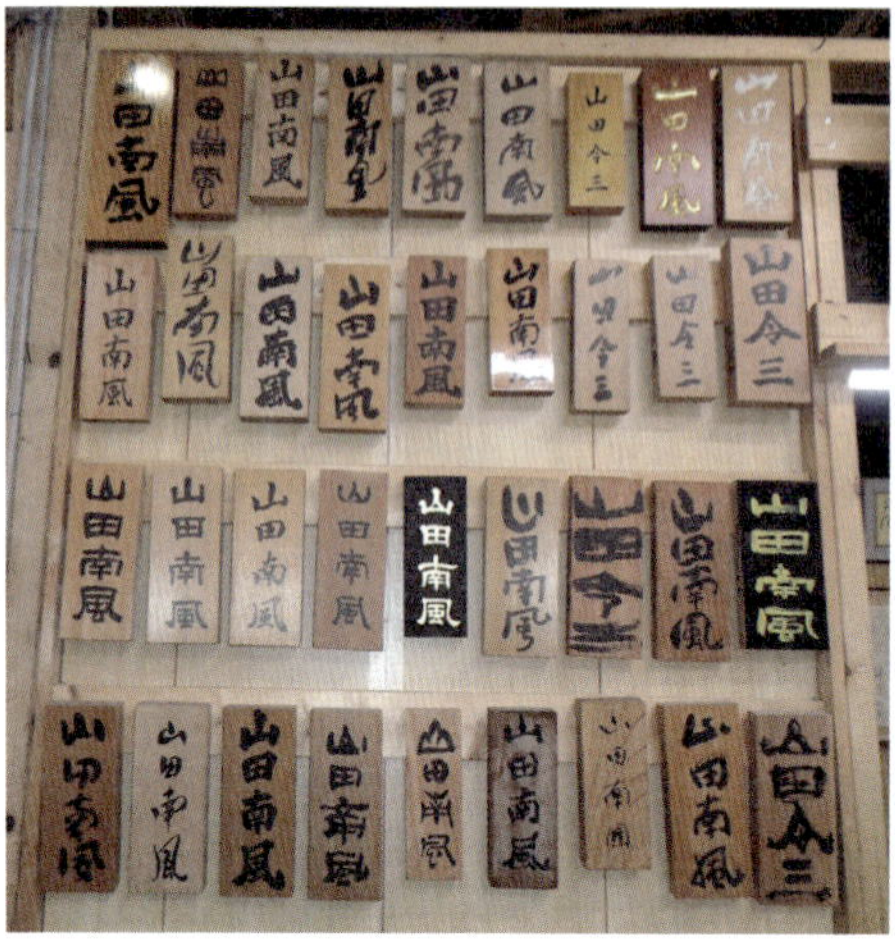

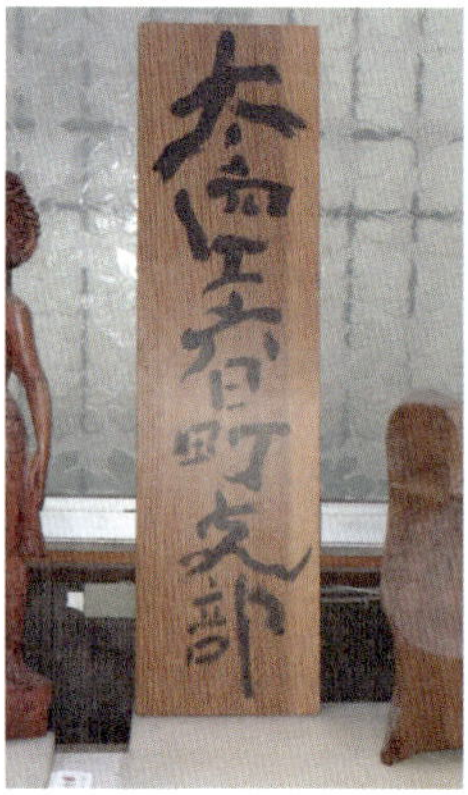

上：表札コレクションの一部

右：中俣苗邦書「太空六日町支部」

新潟市内の個人宅の表札に時折佳書を見る。例として「幽篁庵《ゆうこうあん》主人」「聴涛閣主人」と側面に署名があることから、江川蒼竹書と判別できる人は少ない。表札はいわば、個人宅の看板といえよう。

南魚沼市六日町の「ギャラリー山源《やまげん》」山田南風（本名令三）氏の個人ギャラリーの看板は、無二の表札コレクションである。あわせて、氏の父で戦後新潟県書壇の実力者で調整役だった井口忘々亭《ぼうぼうてい》（一九一〇〜一九七九）について伺ってみた。

まず父について。牧之《ぼくし》通りの書店・若狭屋の養子に入った。「忘々亭」とは書に夢中になると、他は手につかない性分から付けた雅号らしい。師は全国的に一番人気があった比田井天来《ひだいてんらい》で、通信指導を受けた添削資料が残る。県人で天来門下を自負した人は他にいないだろう。

忘々亭の一周忌遺墨集をめくってみると、良寛調と独立、玄潮《げんちょう》会といった中央の書団体に所属した人らしい垢

父譲りの人柄
本物を寄せ

抜けた書風で、地元のファンは「鮎の香り」とその清々しさを讃えている。

南風氏は忘々亭の三男で、地域のスーパー山源の婿になり三代目を継ぐ。

多彩な美術品で満杯の家屋にあってまず注目したもの。それは父の一周忌書展に来場した、県内外の錚々たる書家の芳名録が入った額だった。当時の忘々亭の評価が一目で分かる。そしてこの額を見ただけで、特殊な視点でものを集め大切にする南風氏の嗜好に気付く。

それにしても池田満寿夫《ますお》の版画は分かるが、ロダンやジャコメッティ作が複数ずつ、中原悌二郎《ていじろう》の「若きカフカス人」がどうしてここにあるのか。書ばかりか工芸、版画などの現代を代表する作家が偉並ぶ。一つ一つ入手経路を聞いていると三、四日あっても足りない。

ここで南風氏の書歴にも触れておく。父の葬儀の時、弦巻松蔭から「一生、懸命に稽古するよりも、五年間は良師を探すように」と声をかけられたのが、松蔭門下に入るきっかけだった。

父の交友録が遺産となり、氏は他系統の書家との親交も長く深い。例えば太空会六日町支部長を務めたため、会を主宰《しゅさい》した中俣苗邦《びょうほう》の珍しい書看板が飾ってある。また、父忘々亭書の多くに江川蒼竹の箱書きがなされている。

さて本命の表札だが、会派さまざまな書人の筆になる計五十二枚がきれいに壁面に並ぶのは圧巻。同じ大きさの木材を書き手に送っているのだ。今では頼めない顔ぶれが多い。一番古いのは師の松蔭。「一番つまらないのは親父の分」と語る。書人以外は、彫刻家の戸張《とばり》公晴《こうせい》氏一枚のみ。

思うに、この種のお願いはしづらいものだ。先の各方面にわたる美術品の入手もしかり。ご本人は「正規の謝金を払っていないから、一点一点思い入れが強いのです」と苦笑された。つまりは、ものが生かされるところに、と作家自身や仲介者によってもたらされた作品群らしい。

南風氏の人を引き付ける語り口は、恐らく父忘々亭譲りなのだろう。広い人脈を伝って、その人柄に「本物」がどんどん寄ってくる。なお見学は要予約（〇二五-七七〇-〇〇〇一）。

（二〇二二年七月十六日 掲載）

18

島内に手書きの佳品 数多く

■ 佐渡市内にて

佐渡には手書き看板が多く残る。見聞の一端を点描したい。

まずは人々の記憶に残る近年の島内書作家として、第三木曜日の活動日にちなむ命名の「三木会《さんもくかい》」メンバーに注目したい。六月中に開催された、会員・最年長の金子嘯風《しょうふう》氏（赤泊）の個展を拝見した後、島を巡った。

金子氏作だが、読みやすくメッセージ性が強い。その書を刻した「小木宿根木郵便局」木額には、ニコニコしながら客に語りかけてくる親近感がある。

次に先輩格、逸見不愁《ふしゅう》（真野）の書を染め抜いた長石神社の幟は、夏祭りの神社の顔といえる大作。

もうお一人、稲葉大朴《たいぼく》（佐和田）は名前の通りの朴とつな書を残す。人真似をせず実直に古典に取り組み、そして地域の書文化を牽引した。佐和田地区の「地酒、越の一番」「西野集落開発センター」「菓匠しまや」などに接し、佐渡に大朴あり、の思いを改めて抱いた。

近くの加藤酒造（沢根炭屋町）の「風和《かぜやわらか》」銘柄だが、大朴がブラリ訪れ土産に出された書作に、四代目社長の加藤健《けん》氏がほれ込み、ラベルに転用している。また入り口の大のれんの「金鶴」二字だが、宙に文字が羽ばたいて見える。俳人で能狂言にも精通した、土屋比我子《ひがし》（佐和田）の書だ。店内では、社長と佐渡高校で同級生だった計良袖石《しゅうせき》の刻字に目が留まる。上京し、個展で己の力を世に問うた書人だった。早逝が惜しまれてならない。

すぐ近く沢根篭町に「鋳銅器 本間琢斎《たくさい》」と刻字をした古味豊かな木製看板がある。言わずと知れた工芸家宅で、現当主は六代目を数える。看板だが、押印文から三代目琢斎の書と判明した。なお初代（一八〇九〜一八九一）は、幕府の命で大砲作りに挑戦する。関連資料として砲術家・佐久間象山の書軸を拝見した。上品に並ぶ室内の書画工芸中、画家・曽宮一念《そみやいちねん》の天真爛漫さに満ちあふれる色紙書作が珍しい。四代目が東京芸術大学で一念と同級

「金鶴」羽ばたく大のれん

上：文字が羽ばたいているような「金鶴」ののれん

右「鋳銅器　本間琢斎」木額看板

生だった。

次に相川に赴いた。金山につながる京町通りにて「宵乃舞」と称す古式ゆかしい踊りがある日だった。坂道の途中、家の看板ともいえる表札の一枚に注目、地元相川の書家・磯辺玄遠筆だった。さらに進むと大工町に、無名異《むみょうい》焼《やき》で著名な長浜数右エ門宅があった。幸運にも嗣子・数義氏に中に入れていただき、木板に躍動する墨書看板に接することができた。

今回実見中、最も古いのは亀田鵬斎筆になる蓮華峯寺（小木）の掲額「小比叡山《こびえいざん》」だった。同じく鵬斎書の、浅草寺「金龍山」と見比べたい佳品だ。

佐渡に赴き、真野の山本家に行かない文人はいない。各地からの調査で多彩な来客が続く山本家の門には、「荏川《じんせん》草堂、鋠《しん》書」と刻む木額が掛かる。かつて家の脇に流れていた川名に由来する堂号だが、栃尾ゆかりの文芸家・内藤鋠策《しんさく》（一八八八〜一九五七）筆と気付く人は少ないかもしれない。現当主修巳《よしみ》氏によると祖父半蔵、父修之助二代と親交があった。

（二〇二二年七月三十日 掲載）

看板写真あれこれ①

「のろま人形」（佐渡市）

神林精肉店の古い写真（柏崎市）

新潟大学、人法経済学部旧銘板（新潟市）

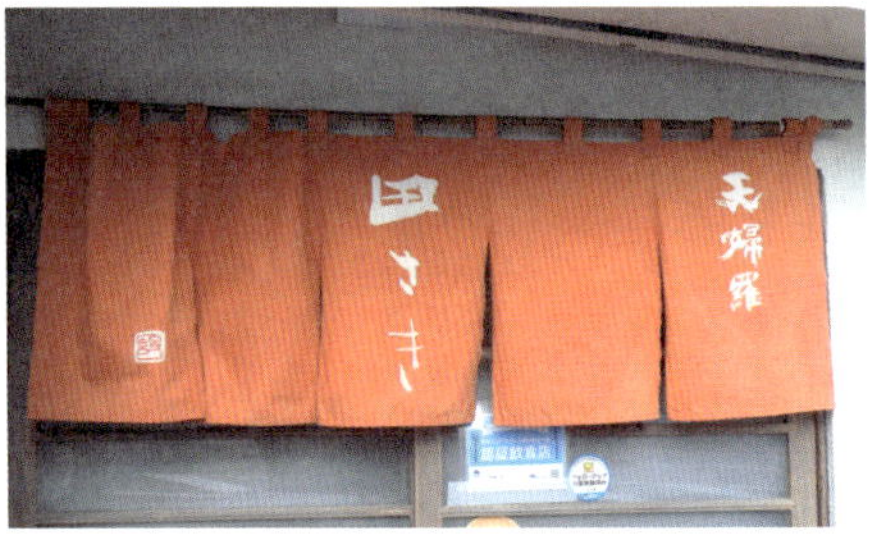

坂爪叟玄書「田さき」のれん（新潟市）

「越之雪」両面看板より（長岡市）

大黒屋主人と看板肉筆（出雲崎町）

江戸期の書「長遠寺」（上越市）

石橋犀水書「長遠寺」（上越市）

浅見喜舟書「紫雲山」来迎寺（上越市）

上越市仲町を彩る縦横大小の看板類

本間印舗の古い写真（新潟市）

北方文化博物館新潟分館
正面玄関の八一書「秋艸堂」（複製・新潟市）

19 今に輝く観光の象徴

■萬代橋

新潟市中央区

現在の鉄筋石造橋は三代目で、「萬代橋」「ばんだいばし」「昭和四年六月竣功」と鋳込《いこ》んだ三種計四枚の橋名板をはめ込んでいる。戦時中に供出したものを二〇〇四年に復元設置した。橋から新潟駅にだいぶ向かった流作場《りゅうさくば》五差路に「萬代橋　應八木氏嘱　伯爵柳原前光《さきみつ》」と鋳込んだ別仕立ての名板をはめた、初代木橋の親柱が再建されている。かつてはここが起点、橋の入り口だった。三代目は三〇七メートル。対して初代は七八二メートルに及ぶ、日本一の長橋ともいわれた。

明治十九（一八八六）年に完成した初代の橋は私設で、内山信太郎と八木朋直によって起工、最初の看板は「与呂《よろ》津世《づよ》橋」だった。のち橋は八木の所有となる。

八木は初め財務担当の県吏だったが、第四国立銀行頭取に就任するなど新潟市内の有力者となる。花街にも顔が利き、少女時代から絶世の美女とうたわれた芸妓《げいぎ》・庄内屋佐藤しんをかわいがった。そこにロシア外交官の柳原

上：現在の「ばんだいばし」橋名板

右：初代「萬代橋」橋名板の下書き

戦時供出の橋名板を復元

前光が来港、庄内屋しんの仲介によって八木と柳原は出会ったともいう。

八木の周辺には名の通った文人が大勢いたのに、橋名揮毫を柳原に依頼したのには理由があった。柳原の妹が明治天皇に仕え、明治十二（一八七九）年のちの大正天皇を産んだのだった。

かつて、日本海タワー内に、初代橋名板の本物が飾ってあった。八木の子孫がオープン記念に贈呈したもので、平成の初め、朋直の孫に当たる八木孝宅に取材に伺い、昔話を聞いたりした。さらに偶然、孝の娘さんとご縁が生じ、朋直と渋沢栄一両者の対面画軸など、多くの八木旧蔵品が伝わることを知った。

なお同じ頃の関連する話として、前光から数えて五代目の当主が住友信託銀行新潟支店次長として赴任した折、たまたま先祖の書いた橋名板と対面を果たしたことが新潟日報（一九八九年四月二十一日付）に載っていた。

やはり同じ頃、当時は珍しかった古いひな人形の公開を、新潟市西堀通の佐藤毬子宅で行っていた。伺ってみると、「柳雪《りゅうせつ》」と名のった八木の書画作や新潟文人作をたくさんお持ちだった。聞けばこちらは、庄内屋しんの子孫宅とのこと。

実は売れっ子の芸妓しんを柳原伯爵は落籍し、東京に連れ帰った。しかし柳原が体調不良となったために、しんは再び新潟に戻っていた。以降しんをこの西堀通の家で守ったのが八木だった。

さて、八木自身は七十歳で一切の公職を退き、堰《せき》を切ったように世を風刺《ふうし》した狂歌《きょうか》を多く残した。例えば「架け替わる万代橋は名の如くよろづよ朽ちぬ真《ま》がねとぞなる」、この句は昭和四（一九二九）年初夏の作。三代目の石橋がほぼ完成したのを見届け、詠書の二カ月後に八十八歳で世を去った。

思えば庄内屋しんの縁者・佐藤毬子もつやっぽい話が好きな、気立てのよい方だった。毬子の没後、庄内屋の遺品は世に散ったが、そこで三十年近く前に見た初代橋名板の下書き（習作）を知人が入手しており、写真を撮らせていただいた。

橋は政令指定都市の観光の象徴ともなり、真夏の新潟まつりの橋上での大民謡流しは、そのハイライトだろう。

（二〇二一年八月六日 掲載）

20

ゆったりとした隷書

■ 長養館

上越市

黒塀越しに老舗料亭の建物と庭をうかがってみた。こちらは明治九（一八七六）年「吉原屋」として上越市仲町に創業、明治二十六（一八九三）年「長養館」と名を変え、同市寺町の現在地で営業を始めた。六代目社長・吉原耕一氏による木造家屋を守る方針で、書院造りから数寄《すき》屋《や》造りに模様替えを行った。

道に面した看板に福助の女性版のようなふくよかなご婦人が描かれているのを見て、由緒がありそうだと感じた。女性の正体は三代目社長が大正時代に商売繁盛を願って、大阪から求め帰った土人形だった。大きくて重たい。ひざの上で狆《ちん》（小犬）にお手をさせている。裏面に窯印《かまじるし》があり、伏見稲荷近くの東福寺前に居を構え、人形屋喜衛門と名乗った人物の作。関ヶ原の戦いで浪人になった、元は宇喜多家臣という。四百年は経過しているのに、口元にはうっすら紅《べに》が残り肌つやもよい。代々大切に「おふくさん」と呼び、マスコットに見立て店のトレードマークに使用している。

「看板の文字の書き手は」と問うと、主人が確か…と探しに行かれた。聞いてよかった。見せられた写真は外の看板とは異なるもので、幕末三筆の一人・市河米庵《いちかわべいあん》の養子遂庵《すいあん》の長男市河得庵《とくあん》の筆跡だった。ゆったりとした隷書で明治癸巳秋、明治二十六（一八九三）年の作と署名に読める。得庵は明治二十三（一八九〇）年大蔵省勤務を辞した後、四国・九州・北陸を巡遊したという。多くの上客同様に店でくつろぎ、宿代がわりに一筆頼まれたのかもしれない。

上京して谷中の本行寺にある市河一門の墓地を参拝し、得庵の墓も確認できた。いくつかの墓標に長養館の看板書額と同じ隷書が刻んであることから、この書きぶりが市河家のお家芸だったと察せられる。先代の頃まで部屋にこういった額を掛けていたが、改築以降はしまっている。

商売繁盛願う
マスコット

次に趣の異なる各部屋を拝見。落語家の三代目柳家小《こ》満《ま》ん（一九四二〜）氏の絵手紙軸が目を引く。五代目小さん門下で平成四（一九九二）年から二〇〇八年まで毎年二回、落語と美酒を楽しむ「さんずいの会」（酒字の部首にちなむ命名）に出演した時の、店への巻紙礼状だ。大層立派な表装はそのはず、軸装はわざわざ京都へ注文しているという。

他、掛軸では犬養毅首相の書二点を拝見。高田市名誉市民・外務大臣を務めた芳澤謙吉の妻は犬養の娘である。

最もユニークなのは、喫煙室のしつらいだった。床の間には明治六（一八七三）年に取り壊された高田城の台所にあった、火《ひ》除《よ》けの木札が掛かっている。「天保九（一八三八）年五月吉祥日」製。黒光りするほどに台所のすすが付着した、ありがたいお守りである。店のごひいきだった地元の名家・保坂家から贈られたものだろう、と聞く。

ジャズのまちを目指すなど、新しい催しが周辺で繰り広げられる中、高田には城下町ならではの文化財があちこちの老舗に眠っている。

（二〇二一年八月二十日 掲載）

上：市河得庵書額

左：トレードマークの土人形

■割烹 いづ茂

新潟市西区

21

船底板に刻んだ風情

上：川魚専門店ならではの船底板による三国清光書看板

右：清光作を用いた敷き紙

所帯を持ち川越から両親を招き、こちら「割烹 いづ茂《も》」で会食をとった。店は内野駅から四ツ角を右に折れ、新川に架かる三日月橋を渡ったところにある。無口の父が珍しく、川筋の部屋からの光景を喜んだ。私がうれしかったのはテーブルマットに描かれた新川の風景の作者が、その頃調べ始めていた新潟の文人・三国清光《せいこう》（一八九八〜一九六九）だったことだ。

絵には裏橋（三日月橋が表なのだろう）、左に川魚をとる仕掛け、そして下方に「夏日晴嵐、丙子中浣（中旬）、以《い》津茂《づも》旗亭（割烹）において鵬池庵《ほうちあん》の童《わらべ》が写す」と一筆、付記している。

ある時常連だった新大教授・赤澤計眞がこれを解読し、昭和十一（一九三六）年作と店に伝えた。のち「親父が書いたものだ」と、びっくりする声が客からかかった。その人は、妻が内野町生まれの三国智也《ともや》氏。清光の次男で江川蒼竹門の書家、父同様篆刻の技も専門とした。

往時の新川描いた書画も

三国清光だが、若い頃から新潟市不動院を主な会場として書の手習いの普及に尽力、周囲には趣味人の長老が集まり活動を応援していた。そこで年輩者から「坊ちゃん」とあだ名され、光栄に思った本人は「鵬池庵の童」と署名するようになる。

今回、女将の青池栄子氏に話を聞いた。父が新潟市内で魚屋兼板前をしていたことから、いづ茂八代目主人・茂生と結婚、昭和四十八（一九七三）年に店に入った。「まさかこんな田舎に来ようとは」と、当時を振り返る。三日月橋は車が通るとおっかないほどに揺れる木橋だった。今の橋の欄干をみると、昭和五十（一九七五）年竣工と確認できた。

店は江戸末期、旅籠《はたご》を営み、やがて割烹に衣替えする。新川改修で川幅を拡張、旧店舗は水没地になった。国から代替地への移転をすすめられた際、「いくら金を出してもこの風景は買えない」と固辞。隣接地で三十五年ほど前に新たな店を構え、現在に至る。

先代茂将は新潟市内の一〆《いちしめ》など数店で修業、その当時西堀通在住の書家・三国清光と知り合ったのでは、と女将は語る。なお入り口には大きな船底板に「以津茂」と三文字を刻した、立地にふさわしい材質の看板が掛かっている。ここにも清光の署名が入っている。戦後「晴康」と雅号を変えているので、それ以前の作であることは違いない。右隣には、巻の萬福寺住職だった服部泰舟書による看板もある。

さて、ご好意で室内から清光作に描かれた付近を拝見した。かつて川では鮒や鯉、蟹、そしてうなぎが豊富にとれ、子どもがバケツに小遣いかせぎに持ってきた。女将が嫁いで来た頃には、うなぎは庭の生け簀での養殖に切り替わっていた。比べて、恵みをもたらした新川の悠々たる流れと、沿岸の緑は不変の佳景であろう。

今も敷き紙に用いる清光の書画の実物は、軸装されている。平成十（一九九八）年八月、ご子息智也氏が箱書きを施し、「小生も一介の書家として父の跡を継いでいますが、これも何かの縁」としたためた手紙も箱に入っていた。近く、智也氏書の看板をご覧に入れたい。

（二〇二二年九月三日 掲載）

22

光彩放つ三条実美筆

■越乃雪本舗 大和屋

長岡市

「大和屋」の屋号の通り、家のルーツは奈良にある。それが小千谷市の金倉山付近に移住し、金物製造で地域をけん引するようになる。店には「御用、鉄物師」と墨書した看板が残っている。

ある事件が起きた。長岡藩九代藩主・牧野忠精《ただきよ》（一七六〇～一八三一）が江戸から初のお国入りをした際、旅の疲れからか病にかかってしまう。そこで殿さまに薬代わりの菓子を献上したのが大和屋の祖・岸庄左衛門だった。おかげで食が回復し、忠精は礼として菓子に「越乃雪《こしのゆき》」と命名まで行い、謝意を示した。京都所司代、そして老中を長く務めた忠精をして「天下に比類なき名菓」と言わしめたこの菓子は、世が変わり明治天皇北陸巡幸の時にも、行く先々の御在所で供されたほど知名度が高まっていた。例えば小林虎三郎、河井継之助、高杉晋作、岩倉具視《ともみ》、大隈重信など、東西を問わず人々が「越乃雪」を愛した話が点々と伝わる。その証しに長岡市の本店中央には、三条実美筆「越乃雪」三字額が光彩を放つ。

「鉄物師」に加え、「越乃雪」が文化六（一八〇九）年に藩の御用達《ごようたし》になる。そして千手町から現在の柳原町に店を構える。明治初期の店構えが郷土図書や風景画家の筆によって何種か描き残されているが、昭和二十二（一九四七）年再建の母屋の構造は変わっていない。入り口真上のひさしの付いた「越之雪」金文字看板が掛かるのも同じだ。看板には「之」字を刻んでいる。

ただし四十年くらい前に複製を外に出し、本物は店内左側に入れた。遠目《とおめ》の利《き》くのびやかな書線の隷書体による。無理を言って普段壁に面している、もう片面を拝見すると、同じ三文字が行書で刻されていた。風当たりによるものだろう、この面は文字が薄くなって見えた。

なお、かつて看板は二枚あり、一枚は巻菱湖《まきりょうこ》の書だったが、焼失。現在の両面刻一枚を残すのみだという。その両面ともに署名はないが、一見して巻菱湖の弟子で長岡

歴史上の人物が
愛す名菓

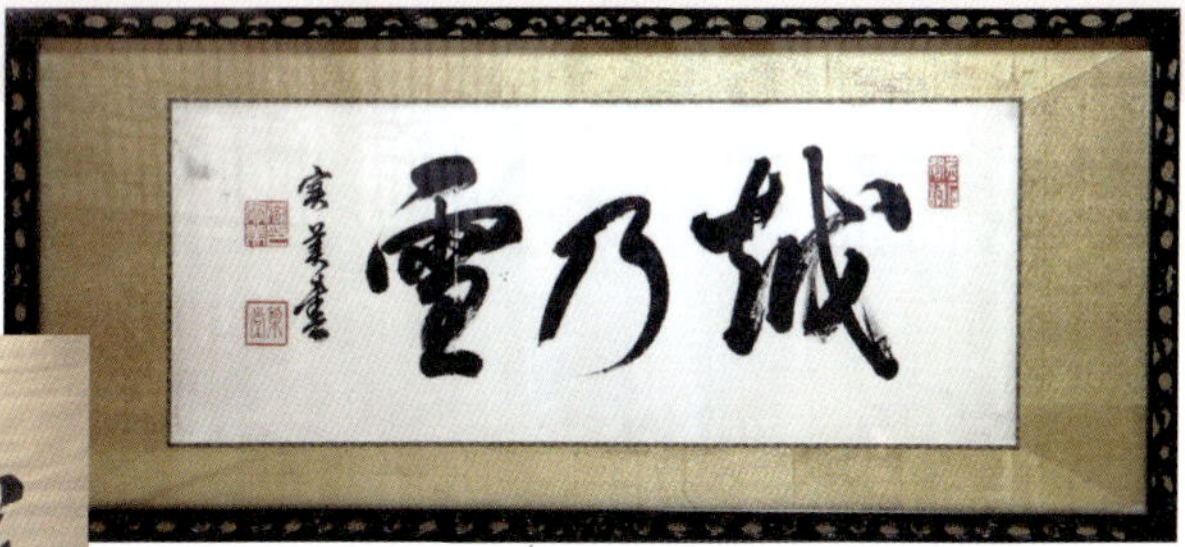

左：両面刻看板の隷書体「越之雪」

中：富川大塊による看板肉筆「越之雪」

右：三条実美筆書「越乃雪」

生まれの書家・中沢雪城の書かと思った。幸い取材の結果、大変珍しいものが見出せた。隷書面の肉筆が保存され、包み紙に「富川大塊《たいかい》書」と付記してあったのだ。この富川は栃尾生まれの著名な文人で、かの良寛も書いた同じ長岡の上州屋看板の一枚を書いている。

話を伺ったのは、十代目の岸洋助氏、範子氏ご夫妻で、二人は昭和五十一（一九七六）年に県外から長岡に帰られた。それまで店は大正期から長岡、高田、新津方面を仕切る大手菓子店の代理店・問屋を営んでいたが、小売店の減少から売り上げの八割を占める問屋業をやめる。そして残り二割だった製造と小売りに徹する舵を切った。もちろん江戸時代からずっと作っている金看板菓子「越乃雪」に関しては、全てが不変だと聞く。原料の和三盆糖《わさんぼんとう》は一貫して徳島県板野郡製で、かつては吉野川を伝い大阪、そこから店の裏を流れる柿川の水運で仕入れてきた。

十一代目佳也氏が五年ほど前から「おさとうのまほう」シリーズと称す新製品を開発、ご進物《しんもつ》から三時のおやつへと、子ども連れの女性が客層に増えつつある。そんな若い世代の方も、老舗の看板にちらりと目を向けてほしい。

（二〇二一年九月十七日 掲載）

23

湊町の繁栄とともに

■ 鍋茶屋

新潟市中央区

入ったことがあるかは別にして、郷土の食文化に関心を持つ人で「鍋茶屋」を知らない人はいない。北陸指折りの料亭の玄関にどんな看板が掛かっているのか。

一見して技を伴う書家の筆跡と異なる、人格者の書と捉えた。「鍋茶屋　九十四翁紫野大亀」と書いてある。京都市北区紫野にある大徳寺五一一世住持の立花大亀《だいき》筆で、縦五〇センチ横二〇〇センチの大きさになる。

店とどんな関係があるのか。女将の高橋すみ氏に話を聞き、納得した。女将は京都のお茶屋・富美代の生まれで、昭和四十三（一九六八）年六代目信一郎と結婚した。看板額字はお客の紹介で京まで行き、揮毫依頼をしたものだった。大亀は戦後鍋茶屋を訪れた時のことを懐かしく思い出しながら、「太字を書くのはこれが最後だろう」と言った。二〇〇五年に一〇五歳で没した方なので、平成六（一九九四）年頃の筆と推定される。それまで店の看板額は、何度か掛け直されているものだった。

上：玄関の
立花大亀書

左：14番の間の
鈴木松年画

空間ともてなしも「京風」

続いて書画に絞り内部に言及する。三代目が昭和一桁の時代、イタリア調の応接室を設けた。ここに「ATAKA」とサインの入った、明るい色彩の西洋画が掛かっている。新潟市生まれの訪欧画家・安宅安五郎《あたかやすごろう》（一八八三〜一九六〇）作だ。

　一階十四番の間と称す広々とした和室には、壁に幕末の文人・貫名菘翁《ぬきなすうおう》の富士図、そして中央欄間に京都画壇の重鎮、鈴木松年の「自在鍋」と題す画讃大額を見上げる。そこには、「此《こ》の尻、日に三度焼きて天下平らなり。焼かざる時は民くるしむ。おなげなくも高き家の御製も此尻より出たり。みだりに焼く時は家を亡ぼす。焼かざれば交りなし。吉凶貧福は此のしりにあり。よきに煮よ、あしきに煮るなよ。なべて世の人のこころは自在鍋なり。贈南邊屋主人、松年」と文をつづっている。

　弘化三（一八四六）年創業の店の歴史を振り返ると、明治四十一（一九〇八）年には二度も火事で焼けてしまった。当時閉店を覚悟するも、湊町の繁栄は花街とともにあり、その花街の代表格を失わないようにと、各方面の声援を受け再建した建物だった。現在は国の登録有形文化財である。「新潟焼けても鍋茶屋焼けぬ、焼けぬはずぢゃよ鍋ぢゃもの」とも人々は口にした。

　二階二十番と呼ぶ和室には京都の著名人・富岡鉄斎三字額「随處《ずいしょ》に楽しむ」、これには鍋茶屋のために書いたと落款《らっかん》に付記してある。先の松年はきっと店で遊んだのだろうが、鉄斎作は立花大亀のように京から送られたのでは、と鉄斎の経歴上想像している。

　名物の三階二百畳大広間の床の間には大亀の「凰翔《おうしょう》」行書大字軸、他の部屋に幕末の頼山陽書額、天袋に望月玉溪の絵を見た。そういえば数多い来遊文芸家中、尾崎紅葉が随筆『煙霞療養《えんかりょうよう》』で鍋茶屋を「上方風《かみがたふう》」と称している。つまり書画に限らず、建物空間とおもてなし全体が、京風の佇まいを帯びているのだろう。

　田中角栄が例のポーズでやって来て各座敷をわたり、次の茶屋へと迎えられていく様子や、店の味を守る話など…残念ながら紙幅が尽きた。「大抵の方にはお目にかかってごあいさつをしており、ありがたいことです」と女将はおっしゃられた。

（二〇二二年十月一日掲載）

24 才覚ある書家そろう

■松之山温泉 和泉屋と凌雲閣

十日町市

新潟市方面から小千谷市真人、旧川西、松代町を通り十日町市の松之山温泉へ。約七百年も昔、一羽の鷹の動向からきこりが見つけた「鷹の湯」には、日帰り入浴施設がある。熱くて、しょっぱい。地殻の隆起運動で閉じ込められた太古の海水が、マグマによって温められたものが源泉だという。

なかなか汗がひかないうちに、「和泉屋」へ伺う。一帯は昭和二十九（一九五四）年大火に遭う。この店は付近で唯一、大火後再建時の姿を保つ。外見は変わらないが、四代目小野塚弘子氏の息子・賢氏が平成八（一九九六）年に帰ってきて手伝う中、二〇二〇年部屋にベッドを入れた。スタッフが入室することなく、プライベート感を提案している。

かつては農閑期の骨休めに近隣の人々がよく来ていた。店の刻字看板を手がけた村松苦行林《くぎょうりん》もその一人だ。早稲田大学で小川未明、相馬御風と文学に熱中、そして帰郷後は生地である旧東頸城郡浦川原村（現上越市）の村長を長く務めた。没後二十年を経て、回顧作品集が出ている。地域に大切にされた人物に違いない。作品集には七十歳にして再度大学で書と篆刻を学び、上越市の浄興寺木額や高田図書館の名板も手がけたと記す。和泉屋入り口の三字木額も、ノミの音が響いてくる豪放な彫りだ。

苦行林は歌人、文芸家であった。和泉屋内の食事処には地元の伝説「松山鏡」の要旨をまとめた、苦行林の大きな書が掛かっている。大伴家持の娘が、早くに別れた母の姿を追って、形見の鏡を手に池底に沈んでいった悲話だ。なおこの苦行林の書には、当地を訪れ御風と村山紅邨《こうそん》との親交を思い出しながら昭和三十八（一九六三）年秋に書き上げたと付記がある。紅邨は地方きっての旧家村山家三十代目で、今日屋敷を大棟山美術館として公開している。

二軒目の紹介は「鏡の湯」と源泉を称す「凌雲閣」。初代島田久吉は松之山温泉をもっと世に知らせたいとの一心で、十日町での自動車商会経営で得た資財をなげうつ。そ

地域に親しまれた
苦行林

して宮大工を集め昭和十三（一九三八）年、内湯付き木造三階建てを開業した。また、県議として新たな観光資源の発見に余念がなかった。現在の女将の島田美智子氏は昭和五十四（一九七九）年に御主人と関東から店入りし、すぐに五六、五九豪雪を経験した。木造宿は寒暑に耐え国登録有形文化財に。かつ県下では十二宿しかない日本秘湯を守る会会員として初代の心意気を引き継ぐ。

入り口上部の大きな三文字木製看板、これは上越市の著名な書家・藤田朴雪《ぼくせつ》が平成三（一九九一）年に書いたものを刻む。楷書と行書の肉筆が残っていて、後作を選び看板文字に当てている。

パンフレットには親しみのもてる別の三字を使っていた。親族で専務だった島田哲夫の筆になる。この哲夫の紹介で、朴雪に揮毫依頼をしたと聞く。

朴雪を調べてみると、例えば昭和五十一（一九七六）年、上越市のいづも屋で清水雲梯《うんてい》などと書の五人展を開いている。皆中央とつながる実力者で、この頃上越地方に才覚豊かな書家が揃っていた。中では、先の村松苦行林に関する記録が乏しい。情報を集め追跡したい思いである。

（二〇二二年十月十五日 掲載）

上：村松苦行林書
「和泉屋」

右：藤田朴雪書
「凌雲閣」

■ 貞観園

柏崎市

25

中国の名蹟から集字

上：表門「貞観堂」木額

右：貞観堂内。右に峨眉山下橋杭、左に村山致道の板戸絵

二〇〇〇年に柏崎ゆかりの文人展を企画開催した時、「貞観園《ていかんえん》」園主村山家の関係者数人を取り上げた。取材に行く前、知人から「くれぐれも苔を踏まないように」と忠告された。ここは貞観堂という建物と、堂名にちなむ貞観園と称す庭からなる。

庭の最大の特色は百種を数える苔で、樹木や石とのコラボによって四季の彩りを見せる。「庭には県下で一番手間をかけている」とおっしゃられたのは、十三代目村山義朗氏。

氏は他県での仕事を終えた十五年前に、現地の総責任者となる。それまで四年をかけて大修理を敢行、入り口や廊下を広くして、天井もぐっと高くなった。

そもそも家の歴史は松之山の村山家から延宝一（一六七三）年に分家し、ここへの移住に始まる。母屋は五代目時代の建築に代々改修を加え、天保十四（一八四三）年に柏崎の誇る儒学者・藍澤南城《あいざわなんじょう》が「貞観園」と命名した。

洗練された文雅への見識

八代目は『北越奇談』に載る奇石を入手したことにちなみ、亀石と号す。柏崎生まれの豪商茶人・松村宗悦《そうえつ》と親交をもち、京風と茶味をいかした造園趣味に力を注ぐ。九代哲斎は地元椎谷《しいや》藩主に尽くした礼として、近くに漂着した「峨眉山下橋杭《がびさんかきょうこう》」を賜った。現在の展示物の白眉と言ってよい。十一代目亀齢《きれい》（のち騏嶺《きれい》）は昭和十二（一九三七）年、庭の名勝指定、三年後には財団法人化など多難な時代を乗り切った。「法人化がなければつながっていなかった」と現当主はしみじみ語られた。騏嶺には著書も多く、当園のガイドブックに当たる『案内記』などが、柏崎市立図書館で読める。

旧高柳町の貴重な郷土史を書き残した村田徳雄の著述に、国指定重要文化財を含む古美術蔵品の詳述が読めた。いつか拝見したいものだ。

当主の話によると、今までは総じて地元にとっても敷居が高かった。県民もここまで来る人は…とのことだが近年、苔のマニアの間でじわじわと話題に上り、庭園の鑑賞に熱心な人々の来訪が多いらしい。

確かに新潟市内からは近くない。柏崎から県道松代高柳線を目指し、その入り口近くに位置する。貞観園表門に向かう石段は、三曲三段構造で「写能阪《しゃのうざか》」と称す。久能山の景観を範にし、星見天海《ほしみてんかい》僧正の設計になる。石段上り口の左には東京の書学者・楠瀬日年《くすのせにちねん》の手による「越後名所貞観園　観覧應需」の石碑、これは昭和十一（一九三六）年の公開記念として建った。右手にはやはり東京で名を馳せた篆刻家・山田正平書「名勝貞観園」の巨大な石柱が建つ。中国唐の書人・李陽冰《りようひょう》の書から集字をしている。

なお県道に面した園の入り口左に、総理大臣時代の西《さい》園寺公望《おんじきんもち》書「開道之碑」四大字碑が建つ。この県道を通すことに村山家が奔走した背景がある。

最後になったが、杉木立が囲む写能阪を上り切り、表門へ到着。そこに「貞観堂」木額が掛かっている。先にも名前を挙げた楠瀬日年が、中国楷書碑の名蹟である鄭文公《ていぶんこう》下碑《かひ》（五一一年刻）から集字して板に刻字したものだ。この木額一枚を見ただけで、当家が文雅に極めて高い見識と深い趣味を持っていることが察せられる。

（二〇二二年十月二十九日 掲載）

26 金具で文字押し出す

■ 本間印鋪

新潟市中央区

重ねて大火が起こったため、新潟市中央区の古町通には古い建物のままの商店は案外少ない。

「本間印鋪《いんぽ》」の建物は明治四十二（一九〇九）年頃に商いを始めた当時のままの骨組みだという。「鋪《ほ》」字は門にはりつける金具のことだが、金属を扱う店舗ならではの店名であろう。話を伺った秀《みのる》氏は印章業三代目。昭和四十六（一九七一）年に修業地から家に戻り、店内の茶の間を仕事場に変えた。外から業務にいそしむ姿がよく見える。

ルーツだが初代榮七は婿で、古町六番町の市場で商いをしていた。古い資料に「明治二十八（一八九五）年一月吉日　七尾屋（屋号）坂内氏　東京四谷江川堂」と記した墨書と焼き印のある携帯用木箱が残る。旧姓時代からこの中に印刀など道具を入れ、お得意先を回っていたものか。

なお昭和二十四（一九四九）年、東京の著名な書家・西川寧《やすし》が近くの書店・萬松堂《ばんしょうどう》で個展を開いた時には、會津八一に頼まれ発起人の一人になっている。晩年は県下印章業界の重鎮だった。

さて、店内の看板は正面に「本間」「印鋪」と超巨大な二印影を額装にしたもの。東京の篆刻家・高畑翠石《すいせき》（一八七八～一九五七）による、恐らくは朱筆で描いた印影であろう。同じく人気の高い篆刻家・中村蘭台《らんたい》の書額にも注目したい。こうした作は全国の印章業界誌や問屋のあっせんで求めたものだが、今となっては大変なお宝揃いだ。

またウインドー内には、新潟の篆刻家の草分け・岡田旭堂旧蔵の中国文人刻印などが置かれている。旭堂は行形亭の看板を手がけた人物。これらの先人作も初代、そして二代目賢吉が相当の目利きだった証しである。賢吉は謡曲にも通じた趣味人であった。

店外正面の看板は、上大川前通にあった三田看板店による。この辺りには看板業、材木店が多かったと聞く。今よく見る活字と違い、手作りの味があり、金具で文字を前に押し出す工夫を施している。左側には現当主が丸型欅

店内に巨大な二つの印影

上：古町通に面した看板

左：店内の珍しい巨大印影看板

製木板に、両面異なる刻し方をした「印章」二字板を掛ける。はんこは配字に逆さ文字（鏡文字）を用いるが、片面はわざとそのような字形にしたものだ。それを、線を刻す方法と線を残して刻む、二通りの彫り方で（白文、朱文）制作している。古町モールができた頃の作。

　元々印章業は木彫りとゴム彫りを用い、店々の依頼に応じて大きな広告まで手がけていた。やがてはんこ彫りから戦後芸術的に刻す篆刻家が出たが、篆刻の印刀と違う刃先がとがった道具も拝見した。仕上げ方は修行先でさまざまらしい。「認印は皆違わないとおかしい」「はんこ屋は少しでも細かいものを作ろうとして先進の機械を導入するなど新しもの好きが多い」とは、当主の言。

　一方、粗製安価なもの、引いては押印を必要としない場面が増えているのは、老舗にとって問題である。方寸《ほうすん》の世界の価値を大切にしたいものだ。私自身印章業界には職人気質に加え、書や漢詩、読書を愛する教養人が多いと思っている。旅行中にも各地で、漢字文化の高尚さが漂う看板やしつらいの印章店にしばしば遭遇する。本間印鋪も、文字の資料館のような存在である。

（二〇二二年十一月五日 掲載）

■北方文化博物館　新潟市江南区

■北方文化博物館新潟分館　新潟市中央区

27 迫力満点の會津八一

「豪農の館」の呼称は、新潟らしい地主文化の象徴だろう。新潟市江南区の「北方文化博物館」はその代表である。

県外での良寛展の監修を務めた時、館蔵の十二枚屏風借用依頼のため八代当主・伊藤文吉館長にお会いした。半年以上の長期借用となり、またご機嫌次第では半分の六枚しか貸さないこともあると聞いていたので、恐る恐る趣旨を説明した。すると氏は、良寛はさておき世界をまたぐ話題に終始し、そしてよりグローバルな視点を持つようにと励まされた。広大な屋敷に育った方らしい言葉として忘れがたい。

また「私の周りの書は全部江川さんだ」と言いつつ、江川蒼竹書の名刺を頂いた。

正面の駐車場に、館名を横書きした文字を刻む木製看板が掛かっている。これも蒼竹の書で、薄田東仙氏の刻字になる。例えば新潟市の「加島屋」木製看板も、二人のコ

通用門の會津八一書看板

大門の八一書看板の肉筆

開放感がにじむ「酔題」も

ンビによる。館内では他、「集古館」「西門」「中門」などが蒼竹墨書のもの。

さて、入館時に通る「通用門」の右手に、板からはみ出そうな館名を刻む看板が目に入る。裏を拝見すると「昭和廿六（一九五一）年歳在辛卯十月十日、秋艸道人題」と會津八一（一八八一～一九五六）が署名を墨書している。七十一歳、衰えを全く感じさせない迫力の塊だ。

一方、通用門左手の「大門《だいもん》」には、別の八一筆一行書を刻む木製看板が目に入る。裏に昌興刀と墨書あり。幸いこの刻字の元になった肉筆看板が保存されており、やはり裏面には八一墨書が残っている。「昭和辛卯十月十日於潮音堂《ちょうおんどう》、秋艸道人酔題」と、先の通用門と同じ年月日の書だった。ただしこちらには「酔題」とある。酒を口にしての開放感がプラスされていると想像するのも楽しい。

これを書いた「潮音堂」とは、海鳴りが遠く響く佇まいに八一が命名したもので、現在の新潟市中央区南浜通、北方文化博物館新潟分館のこと。当時八一は新潟大学学長伊藤辰治の好意で、伊藤邸の一部に養女蘭子と日々を過ごしていた。昭和二十七（一九五二）年二月四日には、邸宅の門に自らが分館名を墨書した看板を掛けた。さらに昭和二十九（一九五四）年五月十七日には「新潟県近代美術館」の看板を書き、分館の看板替えを一時図った。県内の優秀な美術工芸作家の展示会場に畳敷きの和室を提案したのが、八一流の発想だ。専門性の追究と日常との融合をねらい、地方人の文化水準の向上を喚起しようとした。

この分館入り口には、八一が昭和二十一（一九四六）年から三十一（一九五六）年まで住んだことにちなみ、「終《しゅう》焉《えん》之地」木柱が建つ。江川蒼竹書を刻んだもので、書の味わいや字形がどことなく八一に似ている。

蒼竹は昭和二十二（一九四七）年東京での修業から帰郷して以降、デパートで社中展を催すと八一の来場が毎日あり、啓発される話を長々受けたという。やがて蒼竹も書道界のみならず、幅広い県下美術界各分野との協調から、新しい地方文化の礎づくりに尽力した。この点も八一流の一脈を受け継いだ。

なお分館入り口には、ここに「全国良寛会」「新潟県文化財保護連盟」事務局が置かれている証しの木額が二枚掛かり、いずれも蒼竹の書を刻む。

（二〇二二年十一月十九日 掲載）

郷土の偉人をしのび

28

■割烹 志まや

新発田市

十一月中旬に新発田市の「割烹 志《し》まや」に伺うと、店の前で大勢が「生誕地新発田　堀部安兵衛武庸」と染め抜いたのぼり旗を市内各所に立てる準備をしていた。安兵衛の本名にちなみ「武庸《たけつね》会」と称す顕彰会の人々で、赤穂浪士四十七士の中でも人気の高い「けんか安兵衛」、旧姓中山安兵衛がたまらなく好きな方々の集まりだ。九十人余りの会の顧問が、志まや七代目の嶋谷次郎八《じろはち》氏である。

かつて志まやは、廻船問屋として新発田藩に奉公した記録（一八四三年製）が伝わる。のち旅籠と魚屋を経営するが、昭和十（一九三五）年の大火で市内が炎になめ尽くされて以降、現在地に移転し、割烹業を営むようになった。

店の料理だが、大正天皇即位式典の料理を全て任された渋谷利喜太郎に、六代目が弟子入りした。兄弟子に新潟の行形松次良がいる。渋谷は新発田生まれ、三十六歳で全国の料理人のてっぺんに上りつめた大物で、東京築地の新喜楽で板長を務めた。

今掛かる「割烹 志まや」の看板の由来が変わっている。それまで大きな看板を出していなかったところ、旧中条町（現胎内市）の企業クラレの幹部がよく来客していた頃に「志まやの看板を作ろう」と話が盛り上った。そして中央の取引相手の社長（最新の光源開発会社）を通し東京の書家・西本東華氏に揮毫依頼をして、十数年ほど前にできたという。クラレが発起人だから、アクリル製の看板である。

志まやの前を通り、つきあたりの長徳寺に、安兵衛の父の墓がある。昭和三（一九二八）年建立。そのずっと後のこと、二〇一三年の武庸会結成百年を機に、この境内に安兵衛の墓を建てる気運が高まり、二〇一七年に赤穂・花岳寺と高輪・泉岳寺から分骨を受け、ふるさとに安兵衛は帰った。「元禄十六（一七〇三）年二月四日卒　釋刃雲輝剣信士」と、三十四歳で世を去った人物の戒名が読める。

次に清水園へ。かつて溝口侯の下屋敷だったが現在一般

語り継ぐ
安兵衛の義の心

公開している。二〇一四年安兵衛伝承館がグランドオープンし、安兵衛と新発田とのつながりが理解できる遺品を展示している。

続いて新発田城の表門に向かい、昭和五十九（一九八四）年に建った安兵衛の銅像を見上げた。顔は江戸を向いており、十代で上京した勇姿の再現である。台座の裏に建立のため寄付を集めた四十七人の氏名、そして正面には当地の書家・弦巻松蔭による題字一行を鋳込んでいる。高田馬場の血闘から討ち入り後のいさぎよい最期まで、彼の半生が一瞬に想起される、正々堂々とした松蔭楷書の傑作だと思った。ちなみにこの銅板文字の肉筆が、先の清水園内に展示されているので、あわせてのご覧をお薦めする。

安兵衛は同志と伊予松平家に預けられ、切腹の日を迎えた。その前日に口にした献立が残っていたことにより、「安兵衛の晩さん」と称し、偉人をしのぶ食事会が数回開かれた。料理はもちろん、志まやの包丁さばきによる。

近付く十四日討ち入り当日には「語り継がれる義の心」をテーマに、新発田市内で義士祭が催される。市民の誇る看板、それが安兵衛だろう。

（二〇二一年十二月三日 掲載）

上：夜景に映える「志まや」の看板

右：新発田城の表門前にある安兵衛銅像の題字

■ そばの山文

新潟市中央区

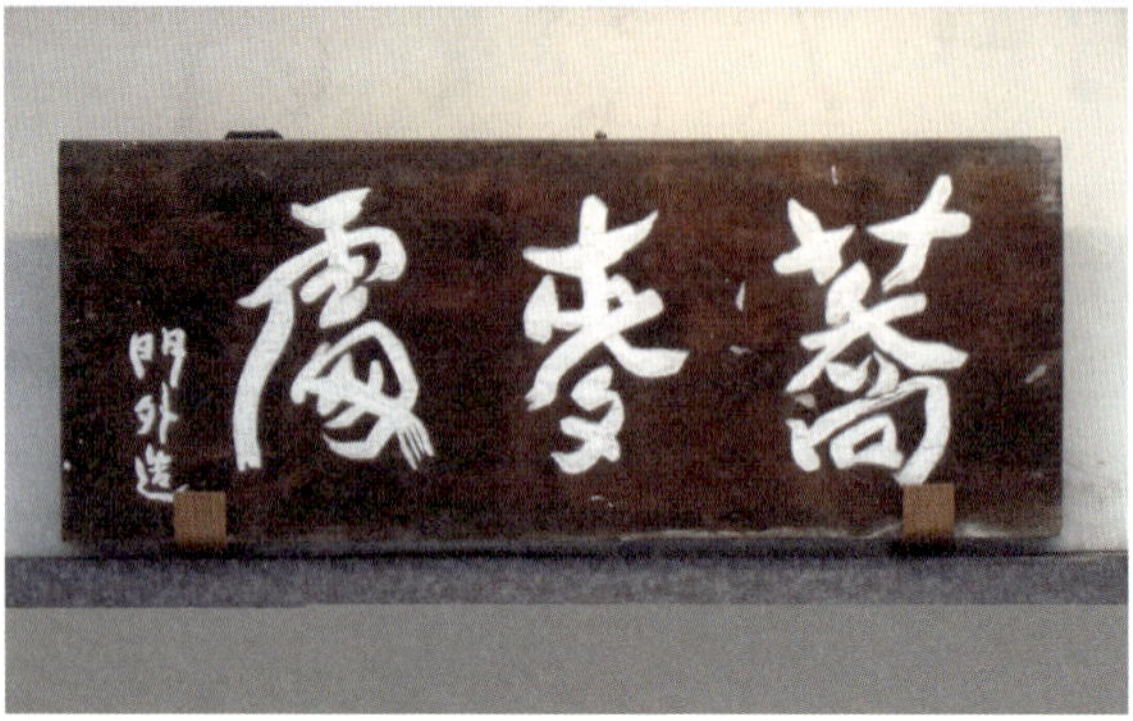

上：入り口の
　　門外書木額

左：壁面正面の
　　門外書

29

頼れる三代目の門外

新潟市中央区の新津屋小路に面した三階建ての壁の真ん中に「蕎麦《そば》之司《のつかさ》　山文《やまぶん》」とある。古町界隈、いや新潟市内の手書き文字看板として最大級のものだろう。署名はない。

これとは別に、入り口上方に「門外」と署名が入った木額が掛けてある。またアーケード下の「五代目　山形屋文吉」と記す看板から、元は山形県の人で、店名の由来も分かる。創業は、新潟県下の名物を記録した郷土図書『越後土産』（一八六四年刊）にも載っているくらいに古い。言い伝えによると、初めは十手持ちを兼ねていたらしい。

注目の外壁と入り口の看板は三代目店主・酒井議三郎（一九八〇年、八十六歳没）の書で、孫の雅史氏が五代目・現店主である。

雅史氏は昭和五十九（一九八四）年に店に入ったのだが、幸い、門外と号した三代目の祖父に関する詳しい話が聞けた。新しいものに対して先見の明があった人らしく、

多方面と交流
存在感示す

昭和の初めには中華そばのチラシを配っていた。四代目の父は食堂のようなメニューを揃えたが、五代目はそばに絞った。

ここからは看板を書いた三代目・門外の話である。店の方は弟子職人に任せ、自分は囲碁や書の趣味、そして政治的活動にと多忙だった。何と極右の思想家・頭山満《とうやまみつる》との交流をはじめ県下政治家や警察、多方面の人々と通じ、存在感を示す。晩年は坂内小路のとんかつ太郎脇の通りを入った所に「そば文」を開店し、二階を隠居場として悠々、一生和服で自娯の生涯を過ごした。

現在の山文店舗は昭和三十（一九五五）年の新潟大火の後、鉄筋建てに改築したものだが、三十五年ほど前もらい火に遭い内装を全てやり直した。店内に掛かる門外の書額には、水をかぶった痕跡が残っている。別の壁面に、會津八一の書額が二点掛かっているのは見逃せない。八一の七十四歳書「無」字作には、山文主人への為書《ためが》きが入っている。もう一作は、平家物語の一節を書く。新潟大火からの復興を目指す茶舗「浅川園」にも同じ文を書き贈っており、この山文所蔵作も大火以降、励ましのため同時期に書いたものか。

『會津八一全集』に読める昭和二十七（一九五二）年三月十二、十六日の日記の記事が面白い。八一は山文の迎えで白山神社宮司の馳走を受けた後、漁師組合から「大漁旗」の揮毫依頼を受けたが辞退、山文に代筆を命じた。試作を見て八一は、「近来山文の書が予（私）によく似て来たといふ人多し」とつづる。対して山文は、「おれの書は人まねではなく心外だ」と家人にもらした。そういえば店外の看板を知人が「八一の書でしょう」と言っていたが、確かに似通った点がある。

門外は六十五年余り前に県下同業者の組合を作り、初代理事長に就く。新たに店を開く人には、自分の色紙が入り口にあれば治安上のお守り代わりになる、と与えていた。新潟市内では白山神社境内の「飛龍殿」、菓子の「百花園」「笹川餅屋」の看板額が皆、門外書である。古町地区の顔役だった、頼れるそば屋の店主のことをご記憶されたい。

（二〇二二年十二月十七日 掲載）

30

老舗銅器店に名筆あり

■玉川堂

燕市

昨年は大河津分水通水百周年、燕の地場産業の老舗「玉川堂」がしばしば紹介された。一枚の銅板を鎚《つち》で叩き器を象っていく「鎚起《ついき》銅器」制作の技術が世界的に知られる。看板もよろしく、随分前に有名人によるものと確認していた。

筆者は明治時代の高級官僚で書家・金井金洞《かないきんどう》（一八三三〜一九〇七）。上州生まれの志士だったが明治維新後、内閣書記官、元老院議官、貴族院議員に累進した。県下では新潟市内に寺田徳裕《とくゆう》、胎内市に肥田野築村《ひだのちくそん》、新発田市に佐々木氏、五泉市に関塚氏など先人顕彰の書碑が建ち、足跡が点在する。

玉川堂看板は木製で、店名三字の輪郭を薄く彫り、かつて線には漆が塗られていたようである。表面右側に「明治庚子（一九〇〇年）秋日書」左側に「金洞山樵《さんしょう》（自由なきこり）、之恭《しきょう》（本名）」の署名と、二印を刻む。

近頃になって看板を見ると、以前の雰囲気と異なるものだった。たまたま先輩書家の坂爪叟玄氏から、複製を掛けたのだと聞いた。氏は玉川堂の親族・玉川勝之氏と、雨風を避けるべく社長に原物保存を進言、了承を得たのち南魚沼市の書家で木彫もよくする山田南風氏に、複製の作者を相談。氏は迷うことなく県下若手の彫刻家・古川敏郎氏への依頼を提案した。こうして広域にわたるネットワークにより、複製プロジェクトが実行された。

玉川勝之氏の案内で古川氏のアトリエを訪れてみた。阿賀野市保田のツベタ地区の山道沿いにあり、彫刻界の裾野を広げる目的で、希望者にここで教授を行っている。

複製の完成は二〇一九年十二月で、アトリエに搬入された原物をじっくり見て、精巧なものを作り上げた。まず長岡市内でけやきの古材を見つけ、そこに文字をトレースして原物同様に文字の輪郭を線刻、刻印部分も真似た。仕上げには柿渋に砥《と》の粉《こ》を混ぜたものを表面に塗って、美しい木目を浮かび上がらせている。

県内作家が連携
複製完成

上：初代木製の看板

右：雁木下の七代目社長書による看板

玉川堂の店舗と土蔵、鍛金場そして通りの雁木《がんぎ》は国の登録有形文化財である。正面右側の門に金井金洞書額が掛かるのと、雁木下に店名三字を鎚起銅器で仕立てた縦の看板が下がっている。趣味性のある佳書と思い尋ねると、七代目現社長の玉川基行氏の書であった。

基行氏は、店の歴史を入念に記録している。他、お話しによると「銅器を愛用してもらう」ため、流通改革を進め、対面販売をここ本店展示室と東京銀座の「ＧＩＮＺＡ ＳＩＸ」での販売のみに切り替えた。

工場である鍛金場も見学できる。人間国宝で社長のおじに当たる玉川宣夫氏の息子とお孫さんがおられた。朝八時過ぎから十七時過ぎまでの精勤を終えたのちが、個々の芸術活動の腕を磨く時間なのだという。驚くことに毎年一人の新規採用に県外から数十人の美大卒業者らが応募、職人十六人の平均年齢は三十四歳という。

取材時には二階ギャラリーで竹細工展を開催中だったが、若者がカップルや友人同士と切れ目なく来訪。新調した看板と同様、店内には清新な空気が満ちている。

（二〇二三年一月七日 掲載）

31

新大書道科の出発地に

■ 石橋犀水の書

上越市

県内民放テレビ局のグルメ番組に、「大黒屋」と刻む木額看板が瞬間映った。ただ者の書ではないと思い、取材に伺う。場所はJR高田駅前にある「高田ターミナルホテル」。左から右へ配列した店名を頭上に読みながら入ってすぐ右に、お目当ての看板はあった。「犀水啓題」の署名から、以前紹介した大杉屋惣兵衛（上越市）看板を書いた三浦思雲の師で、新潟大学書道科初代教授・石橋犀水《さいすい》（本名啓十郎・一八九六～一九九三）の筆と判明した。

社長は五代目の方で、初代田中乙吉が明治三十九（一九〇六）年に旅館大黒楼を創業。「楼」とは二階建てのこと。地元新聞の明治四十五（一九一二）年元日号に、「ミルクホール」と称し喫茶店の経営も併せて始めた広告が載っている。昭和初期の店の写真に、今でいうタクシーやバスの発着場になっていた看板も見える。昭和六十二（一九八七）年末に現在のホテルに様変わりを果たした。明治十九（一八八六）年に信越本線が開通して以来、町の変遷

左：「大黒屋」
木額看板

下：「本山浄興寺」
木額

肉筆に感動
高田と縁深く

ともに大黒屋は姿を変えてきたのだ。

　現社長正人氏は新潟市の田中ホテルで修業をされ、当時部屋に犀水書「松」大字が掛かるのを見ていたという。同系列の新潟駅前クオリスビル安兵衛本店内にも、比類なき大額が掛かる広間があった。

　続いて駅前から歩いて寺町へ。ここはさまざまな宗派の六十カ寺ほどが密集する。あるご住職が「全国で最も寺が集まるエリア」と言われた。掲額を拝見して巡る。まず犀水書「浄興寺《じょうこうじ》」山門額の前で立ち止まる。もう一枚犀水書の「浄興寺宝物殿」木額が掛かっていると、二十六世稲田善昭住職に教えられた。

　さらに並びにある長遠寺へ。こちらの山門の犀水書額には「癸卯仲秋月」（一九六三年）と制作年月が入っていた。参道左右に立派な杉木立が並ぶのを「老杉、天を衝《っ》く」と漢字四字の佳句でまとめた犀水肉筆書を室内で拝見。五十二世岡観浄住職のご好意で説明をいただいたところ、犀水の子息が書道科学生時代にこの寺に下宿した縁で、書かれたものだという。中でも感動したのは、本堂に寺号「長遠寺」の肉筆が額に仕立てられている光景だ。昭和三十六（一九六一）年東京の書展に出品したもの。

　また本堂への入り口正面に江戸の著名な書家・三井親《しん》和《な》の篆書寺号木額が掛かるのにも驚いた。

　もう一カ所、来迎寺山門額「紫雲山」を千葉の書家・浅見喜舟《きしゅう》が書いている。犀水と同じく書道科に勤めた竹内臨川の師で、またかつて旧高田市内の教員でもあったということから、こちらと縁を得たものか。

　なお犀水は新潟大学高田分校開学と同時に教授となり、昭和三十六（一九六一）年退官された。十三年間の在職中、夜行で東京から来られ月の半分ほどを高田で過ごし、大学官舎や近くの久昌寺に逗留されたという。この度初めて先生の書額をまとめて拝見し、遠目の利く大らかな書に心打たれた。戦後において、芸術性を帯びしかも目を引く題字書を手がけた最後の書人になられたと思う。

（二〇二三年一月二十一日掲載）

〈追記・石橋犀水について〉

　石橋犀水は福岡県生まれ。東京美術大学講師から新潟大学開学と同時に同大学教授。退職後、日本書道教育学会・文鳳会《ぶんぽうかい》を設立。戦後の書写書道教育界を牽引した。

看板写真あれこれ②

松本園の袖看板（村上市）

三国智也書・やま路店内の肉筆看板（新潟市）

中村不折書・野島書店内の肉筆看板（三条市）

犬養毅書「万松堂」（新発田市）

麒麟館の古い写真（阿賀町）

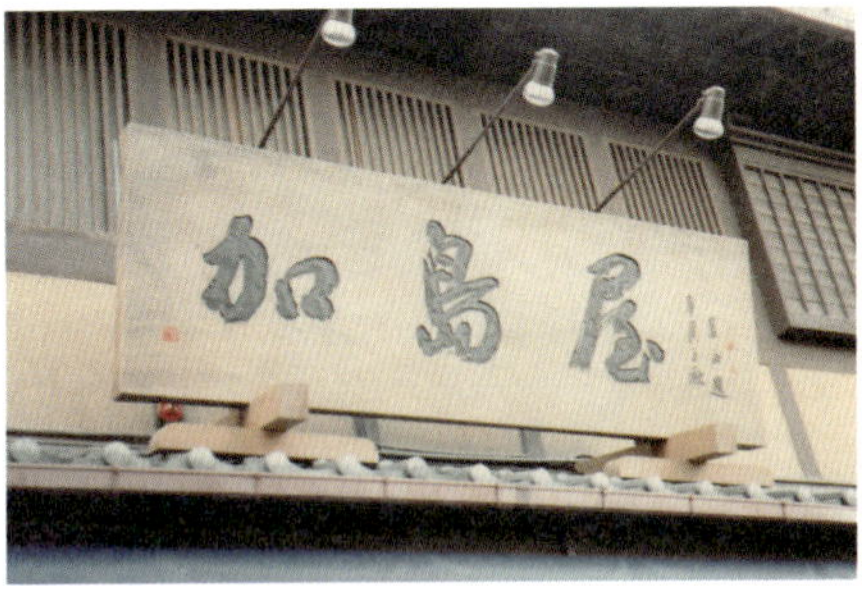

江川蒼竹書「加島屋」
（35年前の写真から・新潟市）

牛丸好一書「丸屋本店」
（35年前の写真から・新潟市）

會津八一書「大阪屋」
（35年前の写真から・新潟市）

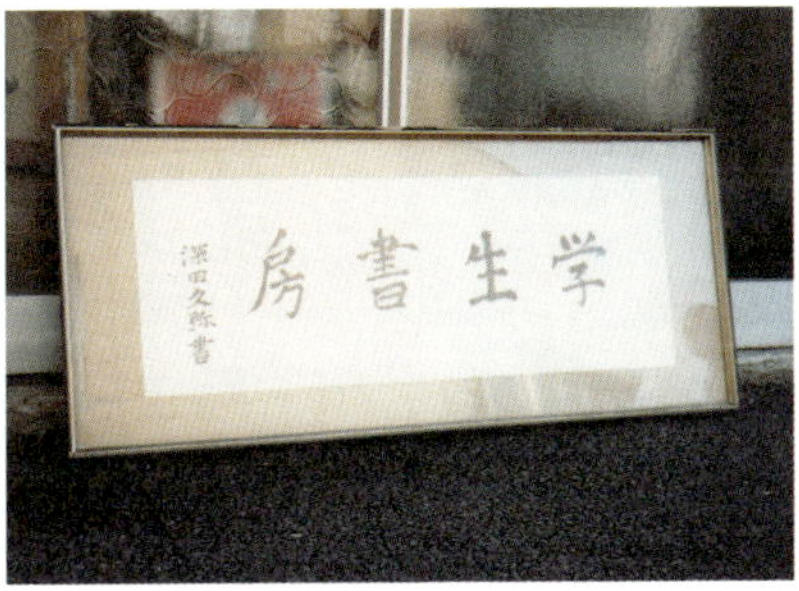

深田久彌書「学生書房」
（35年前の写真から・新潟市）

酒井議三郎書「笹川餅屋」
（35年前の写真から・新潟市）

松岡譲書「御表具師」（長岡市）

良寛書「酢醤油」「上州屋」岡村鉄琴編
『生誕250年記念　良寛とゆかりの人々』より

32 東農大初代学長の書

■麒麟館

阿賀町

麒麟山《きりんざん》を最高の借景とする割烹、その名も「麒麟館」。店が柔道家の西郷四郎（一八六六～一九二二）ゆかりの武道場「講武館」跡地に建つことは、あまり知られていない。

四郎は会津の志田家に生まれるも戊辰の戦火を避け、すぐに津川に一家で移住。青雲の志を抱き、上京して嘉納治五郎の七番目の弟子になり、講道館四天王と勇名を響かせた。小柄な体が繰り出す一本背負い「山嵐」の技は、会津藩家老で養父の西郷頼母《たのも》直伝《じきでん》の秘技。柔よく剛を制す、の典型美としてうたわれ、小説『姿三四郎』のモデルになった。

諸事情で講道館を去った四郎は明治二十五（一八九二）年、二十七歳の時帰郷して「講武館」を創立。やがてふるさとを離れ大陸を目指し、長崎そして広島で没するも、津川の人々は四郎を慕って大正一（一九一二）年、現在麒麟館の建つ場所に講武館を移転させ、文武の奨励拠点とした。

店は、初め「ひしや旅館別館」と称し、ほどなくして割烹を兼ねるようになった。道場の建物は昭和四十七（一九七二）年まで残っていた。その右に増設したのが、今の麒麟館である。

三代目現店主は、鍋茶屋で修業した二平正博氏で、地元の食材を工夫して提供している。道場の面影は、部分的に残る分厚い床板であろう。

振り返って、昨年設立六十年を迎えた郷土史サークル「阿賀路の会」と一緒に、二〇一一年秋「阿賀町ゆかりの文人展」を開いた。打ち上げで麒麟館に伺ったのだが、宴が進み手洗場に赴いた時のこと。入り口の頭上、木額に墨書した三文字が目に入った。見ていると次から次へと人が集まってきた。酔眼を抜きにしても誰も読めない。不思議と手洗いを済ませすっきりした気分で見上げると、「此の中、佳なり」と自然に読めた。サインは「虚想」であろう。

以上はよくある旅先の話だが、この件には後日談が生

西郷四郎創立の道場跡地

じた。数日後、知人の道具屋からもらった古い掛軸を開いて「ハッ」と息をのむ。麒麟館の木額と同じ書きぶりで、軸裏に「横井時敬《ときよし》博士書」と旧蔵者が付記していたのに救われたのだった。調べると横井は熊本藩士の子（一八六〇～一九二七）で、現在の東京大学農学部を主席卒業、東京農業大学初代学長を十六年の長きにわたり務め「稲のことは稲に聞け、農業のことは農民に聞け」といった言葉を残す。

今回改めて店主に聞くと、元々は玄関中央にあった大切な看板額だった。察するに山林王の平田豊次郎、また熊本がルーツの地元津川 正法寺《しょうぼうじ》住職・乙川大愚《だいぐ》との縁で、横井の来遊があったものか。

西郷四郎に戻るが、正法寺にも墓が建ち、命日の十一月二十三日に西郷四郎研究会（斎藤吉平会長）による墓前法要が営まれている。寺の正門本堂には、會津八一書を住職だった乙川大愚が木額に刻み上げた「正法」二字が堂々と掛かる。東蒲原一帯では風光明媚さに加え、この大愚をはじめ何人かの文士が受け皿となって、著名人の来遊を迎えていたのだった。

（二〇二三年二月四日 掲載）

上：横井時敬書の麒麟館木額

右：會津八一書の正法寺木額

■ 金華山宝来寺

阿賀町

33

山寺に見出した名筆

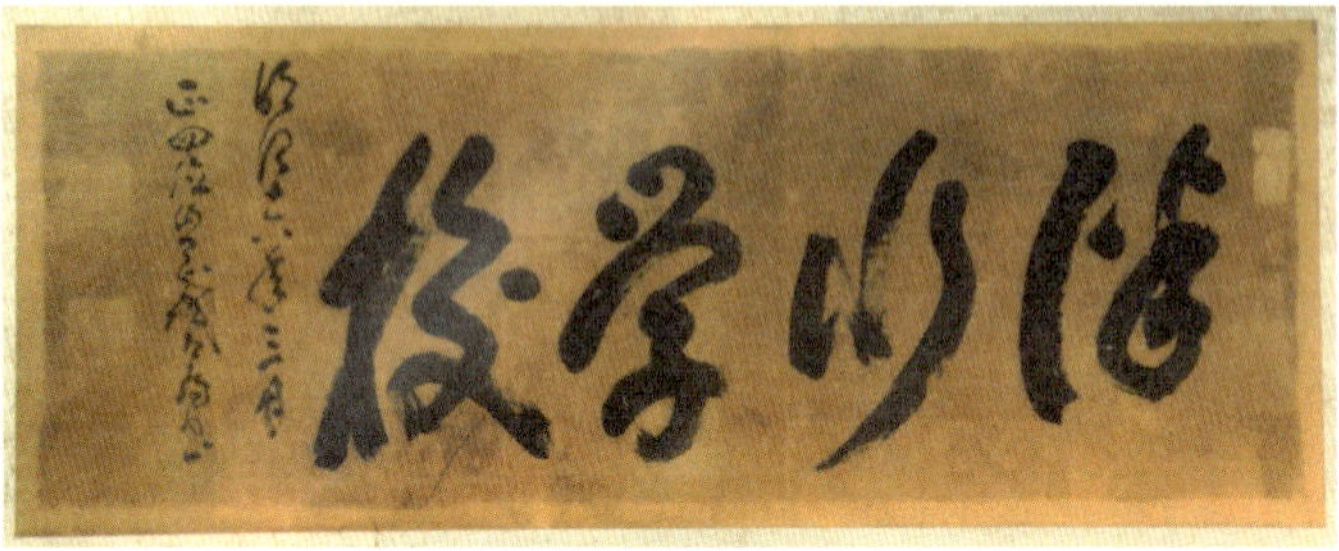

上：山岡鉄舟書
「津川学校」書額

左：安倍能成書
「金華山」木額

車を持たなかった大学院生、助手講師時代、よく磐越西線で津川に取材に出かけた。郷土資料館「阿賀の館」の徳永次一《じいち》館主が道案内してくださった。館内で今川魚心子《ぎょしんし》（一九〇五～一九八四）の手製マッチ箱や和紙見本帳全頁に墨書した珍品などを拝見し、魚心子ファンの一人になった。

魚心子は加茂生まれの曹洞宗僧で、東蒲原郡実川《さねがわ》の山渓寺、昭和二十（一九四五）年同郡豊実《とよみ》の宝来寺二十四世住職になる。

私の宝来寺初訪問は、平成一（一九八九）年だった。福島との県境、日出谷駅で列車中より手をのばし、朝陽軒のとりめし弁当を求め、次の豊実駅で下車。そこから一人、小一時間渓流《けいりゅう》沿いの山道を、人とも車一台にもすれ違うことなく、「危険クマ出没！」の立て看板を横目にひたすら歩いた。すると突然視界が開け、集落の中に赤いトタン屋根の宝来寺が出現した。寺は魚心子没後一時無住だっ

書額に刻んだ先人の思い

たが、この日はちょうど「そばの会」があって、にぎやかな集いに入れてもらった。のちに寺の住職になる魚心子の息子・玄英《げんえい》氏にもお会いし、帰路同行中たくさんの話が聞けた。

この日拓本道具を持って伺ったわけは、境内に建つ魚心子作詩自筆碑の採拓のためだった。碑面に「春は山菜を摘《つ》み、夏は白雲を招き、秋は落葉に坐《ざ》し、冬は雪声を聴く」と刻む。阿賀路の四季の移ろいを、曇りのない眼で端的に捉えた名詩だ。

厳しい自然が囲む経営の困難なこの山寺に、多くの和尚ファンがやって来た。和尚の絵手紙礼状は人気が高く、新潟市内で展覧会が開かれたほどだった。色紙や短冊作は、たいてい裏面に読み方とウィットを加味した意味までを付記する誠実な方だった。

今年一月上旬、久しぶりに宝来寺を訪問した。雪道ゆえ阿賀町の写真家で俳人の山口冬人《ふゆと》氏運転の車で出発。あの大きなトタン屋根の真下中央に、お目当ての「金華山」三字木額が以前のまま掲げられていた。筆者は安倍能成《よししげ》で、戦後日本の教育制度の中枢を担い、文部大臣、学習院院長を務めた。当地との接点だが、夏目漱石門で机を並べた津川出身の皆川正禧《まさき》の誘いにより、実川地域の五十嵐家に投宿するなどした時の遺墨が散見される。

前回の連載で書いた横井時敬や會津八一、そして棟方志功、日本画家の小川芋銭も皆、阿賀路の自然美と地元人の温かい包容力に迎えられこの地にやって来た証しが、こうした書に残る。

例えば津川小学校には安倍書額「正直第一」の他、明治十六（一八八三）年三月書になる山岡鉄舟の校名書額が伝わる。

本当は魚心子筆の豊実小学校の校名看板を写真版に用いたかったのだが、風雪のせいか墨が薄くなっている。裏には「創立百周年記念 昭和五十（一九七五）年十一月三日書」と読め、懐かしく思い出される卒業生もおられよう。

人口減少問題は東蒲原郡で一段と深刻で、豊実小学校は日出谷小学校に統合された後、そこも津川小学校にまとめられた。学校の歴史を刻む看板や書額類は、地域の発展を願う先人の思いが詰まったお宝のはずで、幸い今日では阿賀町教育委員会が保管している。

（二〇二三年二月十八日 掲載）

34

人目を引くレトロさ

■小川紙店

上越市

上越市本町二丁目にある「小川紙店」の通算十七代目、紙店で六代目社長・小川幸喜《こうき》氏の話は家の始まりから地域の商業、風俗史に広がった。

初代は西山姓で上杉謙信の家臣。小川姓となったのは七代目。高田藩ご用商人として米を扱い、のち旅籠業に転じる。次代は菓子店。十二代目が菓子店から分家して紙店初代当主となると「当時最も売れないものが紙、売れないということは、はやりやすたりがなく安定した経営と家の存続につながる」とのユニークな発想とずば抜けた行動力により、商売を発展させる。リヤカーを引き頸城郡全域の町村役場を回り、紙はもちろん文具事務用品全般にわたる商いを一手に引き受けるようになる。

初め紙は長野県飯山市の内山紙《うちやまがみ》を採用し、洋式帳簿を横目に見つつ大福帳の製本に精を出す。ガラスペンを墨つぼにつけ戸籍を作成した時代のことで、生紙《きがみ》は永久保存に適していた。同時に早くから封筒や収支会計書類、ノートの印刷製本など販売商品の多様化を図ってきた。

店外に他ではお目にかかれそうもない木製看板が四枚も並ぶ。社長の祖母が嫁いできた大正十四（一九二五）年には掛かっていた代物で一世紀以上は経つが、雁木のおかげで傷みが殆どない。メリー万年筆はアメリカ製輸入品か。堀井式謄写版は明治二十七（一八九四）年発売のガリ版式印刷機で、官公庁や学校で爆発的に普及した。丸善インキは国産初の製品。当時の最先端事務用品の様子を、レトロな看板が今に伝えるのだ。

戦後、看板商品はがらりと変わり、筆墨による手書きから西洋文具へ。また人口増加に伴う学校での需要拡張、企業では事務用の机、椅子、ロッカーなどスチール製品や計算機、タイプライター、ワープロ、コピー機、ＦＡＸそして今やパソコン全盛期、あらゆる関係製品を取り扱っている。

なお本町二丁目は昔、横町といった。店の前は北国街

往時の最先端
商品伝える

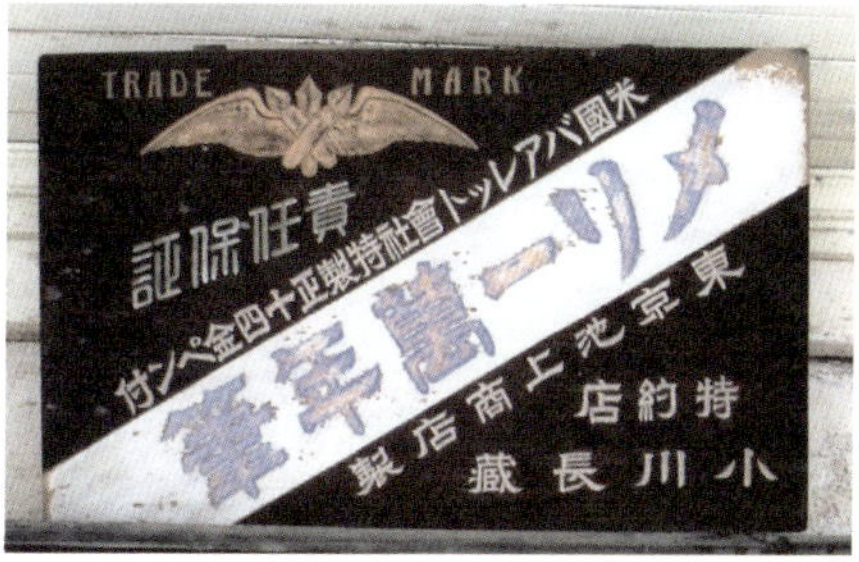

上：木製看板は観光資源として紹介されることも

右：メリー万年筆の木製看板

道で、旅人を相手にする旅籠が多かった。それが『上越市史』にも記述がある、留女《とめおんな》（飯盛女《めしもりおんな》）を置く遊郭街に変貌する。小川紙店一、二代目は今でいうコンビニのような何でも屋だっただろうと、社長の幸喜氏は語る。

一方、明治初めから九年間で三回も大火に遭う。仕方なく「安普請《やすぶしん》によって建てた」というものが現社屋で、遅くとも明治十五（一八八二）年までには建った。ＯＡ機器の取引をするイメージと全く異なる店舗の雰囲気を、誰しもが不思議に思うだろう。実際、表の看板は人目を引いているらしく、たまに観光資源として無断で紹介されているのに対し、「ただでよいからどしどし使ってください」と社長は笑う。地域のお宝間違いなしだ。

かつて全国に三万店はあった紙店が、今や五千を切ったという。高田でもかつて三十一軒が紙商売に携わっていた。例えば大島画廊もしかり、こちらはやがて印刷業、そこから額縁屋へ移行する。つまり紙には付加価値が広がりやすい。「紙屋が多いのは高田が文化都市だった証し」と社長は教えてくれた。

（二〇二三年三月四日 掲載）

35

看板が語る茶から酒造への歴史

■ 益甚

村上市

町屋《まちや》が並ぶ中、青地に白で店名二字を染め抜いた酒店「益甚《ますじん》」（村上市大町）ののれんに惹かれ、お話を伺った。地元の工芸家で書家の大滝源一の書だった。のれんの右に、「〆張鶴」と並ぶ地酒「大洋盛」の銘柄を縦に刻む木製看板が掛かる。

こちらの店名「益甚」は初代益田甚次郎の名にちなむ。明治三十年代に市内小町で、茶の製造と仲買を始めた。明治三十四（一九〇一）年、全国規模の茶の品評会で一等を取った賞状が残っている。やがて夏は茶、冬は酒造りの二本立てに取り組み成功。次は「お国のために」と石油を求め二カ所で採掘するが失敗、借金をするも地域の応援で乗り切る。仲間の一人が掘り当てたのが石油ではなく、瀬波《せなみ》温泉だったという。

初代は外国に堆朱《ついしゅ》をセールス、郡議会議員を務めたりと活動家だった。茶の間に「勤而清」と益田氏のために明治四十一（一九〇八）年犬養毅が書いた額が掛かってい

上：「益甚」の正面

左：犬養毅書「勤而清」扁額

犬養毅が記した「勤而清」

る。この部屋には屏風まつりの際、江戸時代の儒者・柴野栗山書がよく立っているが、今回部屋の角に新発田の歌人・原宏平書の二曲屏風を見出せた。

　初代が活躍を続ける中、二代目茂一郎は隣で郵便局を開設、一時百人を雇うほどになったところで国営化されてしまう。また茶の製造は終戦時に茶畑を失い、撤退した。

　酒の製造販売の方についてだが、まず親族で益田酒造会社を興し、のち初代が引き取り益甚醸造を設立。昭和初期以来、銘酒「益田鶴」を造り続けるも、昭和二十（一九四五）年、国策で村上周辺の十五酒造会社が合併する運びとなった。歴史の異なる蔵元が一緒になるのは簡単ではなかったが、合意できた人々で下越銘醸《かえつめいじょう》の会社名の下、「越の魂」を世に出す。それがのちに社名を大洋酒造に変え、「大洋盛」を生産し始め、今に至る。まとめてみると、現在十一人の酒店主が株主となり、村上地酒の看板商品「大洋盛」を製造する共同事業が行われているのだ。

　益甚現店主、四代目茂彦氏は大学でマーケティング論を専攻しただけに帰郷以降、酒の流通経路改善と町づくりに余念がない。例えば雅子妃のご成婚は、当地が脚光を浴びる一大チャンスだった。そこで茂彦氏は、祝い酒の「雪華《せっか》光《こう》」を大洋酒造勤務時に企画開発し、全国のメディアに宣伝依頼文書を発送したところ、全国網のテレビ局一社が番組で放送してくれた。おかげで爆発的に当たった。

　今の「大洋盛」のラベル題字は三代目になり、広告代理店を通じ紹介された「東京の有名な」書き手によると聞いた。見覚えのある、どこか艶っぽい装飾的な書風で、題字脇に押してある印文を読むと、知人の平野壮弦氏の筆だった。

　氏は旧川西町（現十日町市）生まれ。県内中学校の英語教師を辞め、カリグラファーを目指し上京した異色の経歴を持つ。私の如き伝統的書表現の追究者と違い、早くから社会とつながる発想を実行に移す。やがて2002FIFAワールドカップサッカー日本・韓国公式エンブレム製作依頼を受け、一段と活躍の舞台を広げた。「大洋盛」の題字は、その数年後の作になる。

（二〇二三年三月十八日 掲載）

〈追記・犬養毅について〉

　岡山県生まれの政治家（一八五五〜一九三二）。内閣総理大臣の中で、一番の能書家として知られる。雅号は木堂《ぼくどう》。

36

餅屋らしく丸み帯び

■やま路

新潟市中央区

新潟市歴史博物館に向かう時、よくひっかかる信号の角地に店はある。待ち時間、なんとなく看板に目が行く。白地に黒文字の大きなのれん、その上方に「やま路《じ》」と刻む木額看板が掛かっている。

看板だが、現代風に左から右に配列し、右脇に署名が入っている。新潟市在住の書家・三国智也《ともや》氏の書と刻だ。丸味を帯びた字形は、氏の書作によくうかがえる。もっちりとしたふくらみのある抹茶色の書線は、笹団子を主とする餅屋の看板にふさわしい。他、彼岸にはおはぎを製造する。

店内右奥にこの看板の肉筆が額装してある。店長の山田理恵子氏に聞くと、元の看板が朽ちたので知人の大工に頼み十年くらい前に新しくしたという。三国氏との縁はないが、父雄作が三国氏の師・江川蒼竹宅に近い新潟市本町通の下町《しもまち》に住んでいたことに、若干関係が感じられる。

やま路は、理恵子氏の母方の祖母が個人的に材料を入手し団子を手作りしていたところご近所で評判となり、やがてこの味をのちに伝えたい思いから、三十年ほど前に現在地に開店した。

当初「郷土資料館があるだけで、あとは原っぱ」だった。お客も少なかったが口コミで広がり、県外からの注文も増えた。餅はふかさず昔ながらの硬めにゆでたもので、くるむ笹は村上や山形から取り寄せている。

理恵子氏は、のれんは営業の人のすすめで五年くらい前に新調したと話された。看板文字と相性のよい色合いと雰囲気のもので、聞いた足で心当たりの店に行ってみた。新潟市南浜通の寺嶋旗幕染工場に伺ってみると、ずばり店主から「一生に一度の飛び込み営業でした。ちょうど信号で止まり目に入ったのれんの下が切れていたので、即交渉。店内の額の写真を撮影してその字を用いまして」との話。立地上、私と一緒でやはり信号待ちがもたらしたる。

奇縁が招いた のれん新調

縁だった。

県下に染め物店は少ない。こちらは明治五（一八七二）年創業で、四代目の寺嶋一夫氏に店の歴史を尋ねた。店内は奥行きがあり、長さ十メートルの染物も可能だ。

さて、やま路の看板を書いた三国智也氏の父は、連載21回目で紹介した「割烹 いづ茂」（新潟市西区）の看板を手がけた書家で篆刻家の三国晴康だ。萬代橋を架けた八木朋直にかわいがられ、年長の文士たちから「坊ちゃん」と呼ばれていたので、自室を「凡智庵《ぼんちあん》」「鵬池庵《ほうちあん》」と称した。子息智也氏も引き継ぎ、書塾に「鳳池《ほうち》書院」と名付けている。

大変珍しい写真がある。新潟市白山神社境内の掲額の一つ「悠久閣《ゆうきゅうかく》」を晴康が刻字する姿を写したもので、傍ら若き日の智也氏が父のノミさばきを楽しそうに見つめている。

写真上方には「めつらしき午后の日和に迎へられ…心を浄めて初刀入れを行った。次男智也が一入《ひとしお》見入って居る。刀は益々はづむ。昭和廿九（一九五四）年十月廿六日、祖父由太郎翁をしのびつつ三国晴康道人署」と、ほほ笑ましい付記が端正な筆跡で入っている。

（二〇二三年四月一日掲載）

上：三国智也氏刻書「やま路」

右：「悠久閣」木額を刻む三国晴康

■岡仙汲古堂

新潟市中央区

上：田中泰阿弥刻書「汲古堂」

右：田中泰阿弥書「臨時休業」

37

茶室に定宿 親交生む

岡仙《おかせん》汲《きゅう》古《こ》堂《どう》（以下岡仙、新潟市中央区）は欧米里帰り品も扱う古美術商で、店内に保存される二枚の木製看板の紹介をする。一枚は縦に「岡仙」とあり、一見して新発田在住だった書家の弦巻松蔭筆と分かる。もう一枚は横書きの「汲古堂」、文字の右側には、マルに「阿」字のサインが付いている。これは銀閣寺をはじめ多くの名勝旧家の築庭修復を手がけた柏崎生まれの庭師・田中泰《たい》阿《あ》弥《み》の書で、刻もそうだろう。

岡仙は明治九（一八七六）年、新発田で創業した。理由があって二人の看板が残るのだが、ここでは泰阿弥との関係を特筆したい。

まずは「孤高の庭匠　田中泰阿弥展」（二〇〇五年）記録集によると、まるで全国を踏破したように各地の名庭に関与している。中でも伊藤文吉家を長年待たせ、「昭和期の室町風名庭」たる県下代表作、北方文化博物館（新潟分館も）と、新発田の旧溝口侯別邸の清水園を完成させた

庭師の泰阿弥
店名を刻書

のは有名だ。

取材のため秋冬二回清水園に伺った。鴨と大きな鯉が泳ぐ池を巡る道筋の景色、竹林、石造物、茶室そして小さな滝を源流とするせせらぎに、心が安らぐ。

この大名庭園跡は初め、幕府茶道方、懸宗知《あがたそうち》を招き築かれた。ところが明治に入ると、荒廃の一途を辿る。紆余曲折を経て、割烹が営業したこともあったが、結局沢海の伊藤家の所有となり、今日国名勝指定を受け一般公開されている。入り口の看板題字は江川蒼竹書だが、園内の隠れた顔、もう一つの看板は、約十年をかけて古材を集め元の庭のイメージを復元させた、泰阿弥の自筆歌碑だ。「くくとなきころころとなきかかとなく　これさ蛙《かわず》のよろこぶうたか」と刻み、池畔に建つ。昭和四十九（一九七四）年建立で、碑の裏に読める十一人の発起人に岡仙三代目・喜造の名も入っている。

四代目・順造氏に泰阿弥との貴重な親交の軌跡を伺った。泰阿弥が昭和二十八（一九五三）年清水園の作庭に着手し始めた頃、風邪をひき新発田市内の飯田医院の世話になる。そこは岡仙の親戚で、趣味上自然と泰阿弥は岡仙の家を定宿とするようになった。旅館が嫌いで、先の飯田医院から岡仙に移築した茶室で、何カ月も寝起きしていたという。

昭和四十三（一九六八）年、岡仙は新たに新潟市古町九番町に出店した。この時に掲げた看板が、冒頭に紹介した泰阿弥刻書の「汲古堂」だった。店で使った「毎週水曜日定休日」「臨時休業」（両面泰阿弥の墨書）も残っている。

器用な人で、北方文化博物館新潟分館の茶室名「坐忘《ざぼう》」八一書木額も、泰阿弥が彫った。食事は自分で作るが、時折順造氏に墨をすらせた。清水園の歌碑に見るように細身のくなりとした書風が得意のようだが、「汲古堂」木額の味は別趣で、作庭同様に古格を守った「侘《わ》び」が漂う。

順造氏の目には「いつもいて」「家族同様」と映っていた。昭和五十三（一九七八）年の雪の降る日、夜行で県外の仕事に向かう時も、いつものように順造氏と妻が新発田駅まで車で送った。それが泰阿弥を見た最後で、ほどなくして倒れ旅立たれたという。

（二〇二三年四月十五日 掲載）

38

沼垂の風俗、歴史伝える

■ 山治園

新潟市中央区

昭和六（一九三一）年に新潟市沼垂《ぬったり》地区で創業、二年後に沼垂四ツ角の現在地に店を構えた茶舗だ。夏も近づく八十八夜、店先に香ばしい香りが漂う。その看板商品のほうじ茶を淹《い》れていただき、至福のひと時を得た。今や製造できない代物であるほうじ機によって、店内で焙煎《ばいせん》している。

三代目佐藤文雄氏に取材した。代々家族経営で、元は近くの大きな味噌屋「山谷《やまたに》」に勤めていた父治平の名を取り「山治園」と命名したという。茶舗の方は母ヨイが中心で、「沼垂もん」の代表の如き働き者だった。

昭和二十一（一九四六）年に再建した現在の二階建て店舗は、当時山治御殿と称され、「萬代橋から丸見えだった」とのこと。店主は「少々誇張もありますが」と語る。これは津川から来るいかだ師が商売の往来途中、よく面倒をみてもらったヨイのために毎回数本ずつ運んできた木材で建った。

その二階正面右に、巨大な「茶」一字が看板として設置してある。親族の書らしいが、惹きつけられる末広がりの筆跡で、店内外に姿を変え用いられている。ガラス張りの店構えは肉筆書体と活字、漢字とアルファベットとがうまく調和した外装で、センスがよい。二年ほど前に店主の姪の志賀幾久代氏が中心となり、知人のイラストレーター大谷えいち氏に依頼して改装した。中でも山マークの下に「G」を組み合わせたロゴが斬新に映る。意外にもこれはアイデアマンの先代、治平の発案だった。

店の左には、一日中働き通しのヨイのために坪庭を設置した。その上に掛かる「山治園」と墨書した三字横額は、信心深いヨイの知人の僧が書いたものだった。広島生まれの方で、「法心」と署名が入っている。

じっくり店内を見聞し注目したのが、店正面に掛かる船底板に刻字した大きな木額で、「茶烟軽颺落花風　歓伯」と読める。よくお客さんが「良寛の書ですか」と尋ねるらしいが、店の言い伝えでは東京の彫刻家による。お茶

茶舗らしい佳句
船底板に

右：山治園外観

下：店内の木額

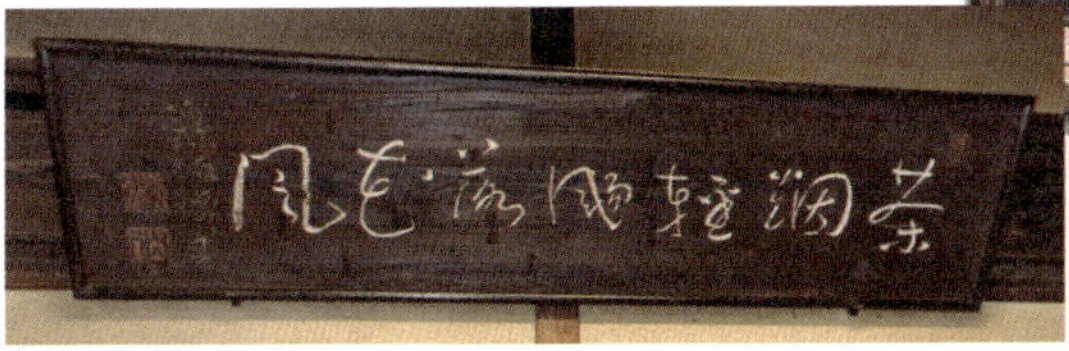

の香りがか細く立ち上り、心地よい風に花びらが舞っている、とは茶舗の看板額にふさわしい佳句だ。

ちなみにこの辺りはかつて栗ノ木川が流れ、船造りに関わる職人が多く暮らしていたとも聞く。

二階の仏間に先の歓伯書「椿牆苑《ちんしょうえん》」（椿の垣根の庭、の意）と刻んだ、大きな笹団子用の木製こね鉢があった。端午の節句と夏の蒲原まつりの年二回、多くの自家製団子が作られていたのも地域の話題だろう。

仏間にもう一つ大変珍しい横額墨書を発見した。「威武には、能《よ》く屈せず　辛巳之夏、依頼に応ず　小陶居士《しょうとうこじ》」と、明治十四（一八八一）年に寺田徳裕が書いたものだ。

寺田は会津生まれの儒学者で、沼垂で私塾を開き、のちには小学校長として長く人材育成に功績を残す。墓は近くの悉地院《しっちいん》に建つ。以前地元の郷土文化愛好会「沼垂の今昔を語る会」による寺田の顕彰事業が、公民館で行われてもいた。

山治園のカタログに「ここにしかないお茶があります」とつづっているのを読み、加えて「ここにしかない東新潟の中心地の一つ、沼垂の風俗や歴史資料がありました」と私は記したい。

（二〇二三年四月二十九日 掲載）

39

鉄斎と越後 結びつけ

■ 二洲楼

三条市

三条を代表する割烹で、江戸元禄年間（一六八八～一七〇四）創業という。「二洲楼《にしゅうろう》」はかつて、市内を流れる五十嵐川の渡船場近くにあり、三階建ての店を描いた当時の光景が大皿の絵に残る。昭和初期に飲食店の密集地・本寺小路周辺に移り、昭和六十一（一九八六）年現在地の旭町に移転をした。

料理については明治十一（一八七八）年の明治天皇行幸にあたり、当地での食事係を担ったことが知られる。

店の正面に「二洲楼　平安　鉄遯人《てつとんじん》」と書いたヘビー級の額が掛かる。京都の文人・富岡鉄斎の筆だ。

鉄斎が本県を訪れたかについては、不明のままだ。来越説の根拠の一つが、この店の所蔵品である。

蟹の横行図額ともう一点、三条祭りの大名行列に登場する毛槍を持つ奴《やっこ》さんを描いた扇面額があるのが、決定的な証拠とみられてきた。右に「いさみつつ振《ふり》ゆく人のこころこそ、おもひやりてもをかしかりけり（見事なもの

上：富岡鉄斎書額

左：富岡鉄斎画、三条祭りの光景より

村山一族との間柄を示唆

だ）、鉄斎」と、祭りの風景を目の当たりにした臨場感を含む歌が付く。その左側に「ひとすじに路はゆけども目はよこに…」とあり、署名はないが三条の文人で鉄斎も愛用した筆職人の村山遯軒《とんけん》の詠書といわれている。この人が鉄斎を祭り見物に招いた時の合作だと説明が成り立つ。

遯軒の次兄に、志士で南画家の村山半牧《はんぼく》がいる。「良寛歌集」をまとめようともした人物だったが、明治への夜明けの直前、自尽絶命してしまう。弟遯軒は半牧を大切に供養し、墓の文字と顕彰碑の題字を鉄斎に依頼し、二つとも現存する。

その泉薬寺の墓の隣には、遯軒が父と長兄をしのび建てた追遠碑があり、この題字も鉄斎書になる。以上のことから、村山一族のために来越したという説が浮上してくる。遯軒宛て鉄斎手紙資料をまとめて拝見して分かったが、鉄斎も元は志士で、村山一族と相当親密な間柄だったことは確かなことだ。

一方、鉄斎に来越なしとする資料もある。やはり村山遯軒が自分のふるさと周辺の画作揮毫を鉄斎に依頼したところ、「尚古堂眺望《ちょうぼう》図」と題する作ができあがった。その画への説明文（画讃）に「余未だ其の地を踏まざるゆえに瞑目《めいもく》してその境地（想像）でこの図を試みた」とあり、明治三十（一八九七）年三月、「平安」つまり京で制作したとも付記している。

もう一つ、遯軒の三男が昭和四（一九二九）年に書き残した文中、「先考《せんこう》（父遯軒）は鉄斎と手紙の往復、寒暑殆ど間断なく、意気投合、しかるに生前未だ一度も相見《あいみ》ることなく、神交《しんこう》というべし」とつづっているのだった。

いずれにせよ、鉄斎ほどの大物文人と越後の接点を探る資料が、こちら三条を中心に残っているのはうれしい。その象徴的な存在が村山一族で、二洲楼の看板についても遯軒が鉄斎をこの店で歓待した折りに、三階から越後と佐渡の山並を楽しんだ鉄斎が、二国が見えることと店主名の「仁四郎《にしろう》」をかけて、「二洲楼」と命名したとも伝わる。

郷土史家の緑川玄三、丸橋康文の二氏は、三条と鉄斎の関係について詳細な調査報告を残しており、本文でも参考にさせていただいた。

（二〇二三年五月六日 掲載）

40

洋館に白文字 存在感

■ 今井家住宅

燕市

雁木伝いに昭和の空気が漂う燕市の吉田下町《しもまち》。近郷の楽しみ、五月二十四日、二十五日の吉田天満宮祭礼が目前となった。この日、露店の植木を求め、育て成木になった頃、主人も出世するという。別名出世天神の木像ご本尊を、本殿の格子越しに参拝した。元々は向かいの今井家邸宅内に安置していたものを、地域の人々のために弘化三（一八四六）年、現在のように境内に移管した。

近江屋・今井家については、「他人の土地を踏まずに新潟まで行けた」大地主の歴史と主屋左右に建つ近代西洋風建築物の魅力は、他書に紹介済みだ。特に明治製赤レンガに白字で書いた「香林堂」三大字は、一体何屋さんかと、誰もが目を奪われよう。

これは十二代今井洞流《どうりゅう》が興した、家庭用配置薬業の看板だ。命名の由来は、洞流がかつて訪れた新高山《にいたか》（台湾の最高峰玉山）の林道で、楠の葉がこすれ合って生じた香気の忘れがたさにちなむ。他、戦後農地改革を乗り切るべく、洞流は味噌と醤油醸造など多角経営に努めた。

ところで、私が平成十一（一九九九）年に亀田鵬斎展を企画した際、洞流の次代・和行氏から「うちにもあるから」と声をかけていただき借用に伺った。何と、自家用車では入らない大きさで、お会いしたご当主の桁違いの豪放ぶりにも驚いた。

あわせて京の文人・富岡鉄斎が菅公一千年祭を祝い明治三十五（一九〇二）年に制作した、こちらも比類なき大幅「大宰府《だざいふ》天満宮図」を見た。入手したのは洞流の先々代・孫市《まごいち》だ。先の赤レンガ洋館を建てた孫市は、若くして鉄斎に師事した学者肌の人で、当家の美術品の多くが鉄斎の目を通して得たものと聞く。かつて今井家の墓は京都にもあったというくらい、鉄斎と特別な親交を結んでいた。

この大作に隠れ、殆ど知られていない鉄斎作がある。そもそも今井家は戦国時代、主家浅井氏を失ったのち岩室天神山の小国《おぐに》氏を頼った。やがて吉田の地に根を張る。

親交深かった
鉄斎作品も

ある時、西川《にしがわ》で童が天神像を拾い上げ戯れていた。それを見た今井家主人は感じるところがあり、譲り受け守護神としたところ、家は繁栄の一途をたどる。鉄斎は以上の天満宮由来記を「明治十三（一八八〇）年の冬、目をつむって遥かに当地の光景を想像しつつこの図を制作した」と断り書きを付して孫市に送ったのだった。察するに、京での制作だろう。

今回は「越後の鹿鳴館《ろくめいかん》」と称される洋館で、和行夫人壽《ひさ》子《こ》氏に話を伺った。洋館ながら床の間のしつらいもあり、米寿記念の鉄斎作が掛かっていた。

壽子氏は昭和三十四（一九五九）年、ご結婚。ここで十二年間洞流から家庭の所作を学んだが、「全てが身になる厳しさだった」と笑われる。まさしく旧家代々の家訓なのだろう。

なお今井家は非公開。取材は特別なご配慮によるもので、美術品の問合せも控えていただきたい。ただし新型コロナウイルス禍前では市の肝煎りにより、地域探訪の一環として春秋二回見学の機会があったというので、ご参考までに。

まずは縁起のよい天神様を拝み、存在感を放つ今井家の外観と町並みのコラボ風景を見るだけでも、越後平野に横たわる独特な季節感と風土が味わえよう。

（二〇二三年五月二十日掲載）

左：1895年に建てられた西洋館外観

下：香林門

■おくつきどころの書

41

眠る人の歩み 物語り

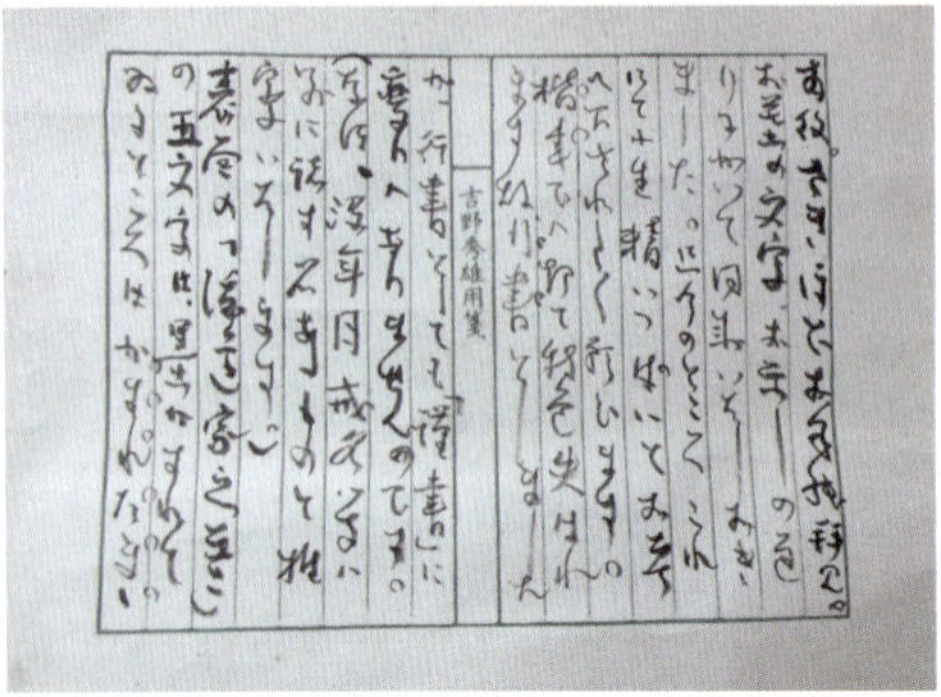

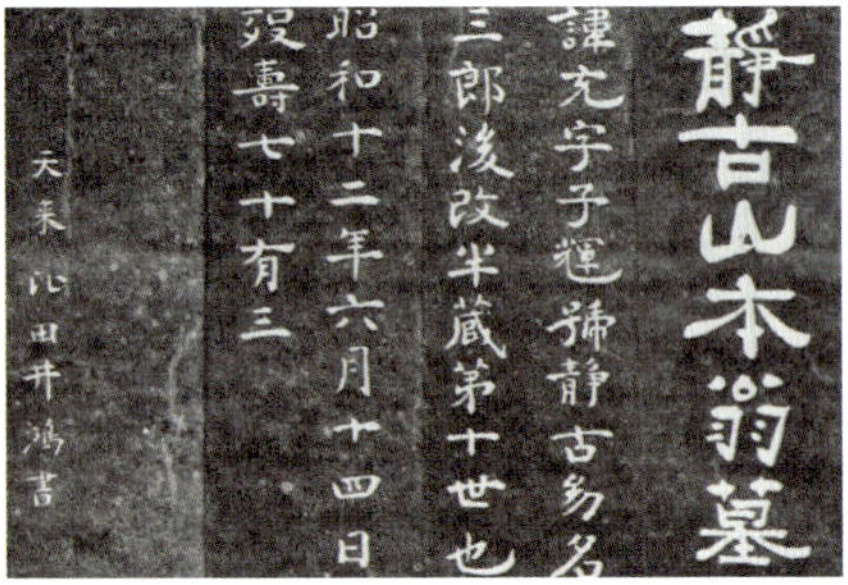

上：渡邊氏宛て
吉野秀雄手紙

右：山本静古墓拓本
（『静古遺稿』より）

『佐渡郷土文化』最終号に「点描・佐渡の書」の小文を寄稿した。これを読まれた新発田の渡邊喜八郎氏から、拙文中に登場した人物の書をくださるとの一報があり、おじゃました。

氏は戦後すぐに歌を「夕刊ニヒガタ」（後に「夕刊ニイガタ」）歌壇に投稿し始めた。選者は會津八一唯一の門人・吉野秀雄で、以来吉野の熱烈な信奉者となる。吉野を慕う新潟の人々を主とする砂丘短歌会に昭和二十八（一九五三）年入会、吉野の没後「艸心忌《そうしんき》」法要が鎌倉で開かれるようになると、たびたび参拝してきた。

渡邊氏宅に伺った日に頂戴したのは、佐和田の農民文芸家として知られる土屋比我子《ひがし》の書画色紙。「清流をさ走る鮎《あゆ》の迅《はや》さかな」一句に添えた群れなす鮎画の彩りの美しさは、まさしく真夏の佐渡沖のあのエメラルドグリーンに匹敵するものだ。巷《ちまた》の趣味人が島の文化を支えていたことに、もっと注目しなければと思う。

會津八一墓標は
山田正平

渡邊氏の話題が、色紙から家の墓の文字になった。吉野に書いてもらったもので、「お墓の文字、これにて小生精いっぱいとお考へ下されたく、楷書では却て特色失はれます故、行書としましたが謹書に変わりはありませんのです」と、吉野らしい言辞が読める当時の手紙を見せてもらった。県下、吉野の墓字は珍しい。

渡邊氏は俳句も嗜《たしな》み、蒲原ひろし氏主宰『雪』誌に投稿していた。この句誌もとうとう終刊を迎えた。「あなたが老いを詠むのは早いわよ」とつづった湊八枝の渡邊氏宛てはがきも拝見したが、湊が創刊した『新潟短歌』も、少し前に惜しまれつつ歩みを止めた。

私は文頭に記した一文「点描・佐渡の書」を書く取材のため昨年十一月二十六日に山本修巳邸、土屋が酒銘を書いた加藤酒造、本間琢斎邸、三木会書展会場を巡った。当日山本家当主からいつも通りの少ししゃがれた声、上品な語り口でよい話が聞けた。先の渡邊氏は、佐和田の裁判所勤務時代に喘息持ちの修巳氏のために、人づてに新潟市内の病院を紹介した仲でもあった。

完成した『佐渡郷土文化』がそろそろ送られてこようと鶴首《かくしゅ》していたところ、佐渡の知人から「今朝、修巳先生が亡くなられた」との一報が入り、言葉を失った。修巳氏の厳父修之助のやりかけた亀田鵬斎来島記録をまとめましょうと、十年来の宿願についても昨秋に話し合ったばかりだった。

山本家の墓の一基に「静古山本翁墓」がある。昭和十二（一九三七）年に七十三歳で没した、修巳の祖父が葬られている。その墓標には現代書の父、比田井天来の筆を刻む。天来とは大正九（一九二〇）年の来島以来の縁だった。

墓はあちらの世界での永遠のすみか・おくつきどころで、墓字墓標、墓誌は故人の表札ともいえようか。

そういえば、豊かな人間模様に囲まれた會津八一の墓標の書き手をご存じだろうか。新潟生まれの篆刻家、山田正平による。

また良寛のことは、旧和島村（現長岡市）の隆泉寺に建つ大きな墓石を見れば晩年の存在がわかろう。これとは別に、良寛が書いた南無阿弥陀仏を刻む旧分水町（現燕市）の個人墓は、当家主人の意志で良寛の直筆を貼り付け刻したという。そうすれば後日、良寛書の取り合いにならない。墓は眠る人物の体《てい》を端的に物語っている。

（二〇二三年六月三日 掲載）

42 郷土文化守る書店へ

■ 中村不折の書

三条市、出雲崎町

中村不折《ふせつ》（一八六六～一九四三）は長野生まれ。小山正太郎門下の洋画家だが、夏目漱石著『吾輩は猫である』の挿絵を描き、文墨の世界でも羽ばたく。

震えを帯びた横線を主旋律《しゅせんりつ》とする扁平《へんぺい》ぎみの書が大正・昭和初期に大流行し、金字塔として東京の根岸に独力で書道博物館を建てた。県下では、旧分水町（現燕市）の旧家で良寛と親交のあった阿部家所蔵の良寛和歌巻の跋《ばつ》文《ぶん》を書くなど、早期の良寛顕彰に足跡を留めている。

三条市内の「野嶋書店　為馬場由太郎氏清嘱」と刻む木額は、いかにも不折らしい書風である。会長室にこの肉筆を見た（本書70頁参照）。

書店は明治二十三（一八九〇）年に野島半七が創業したが、半七が早逝したため親戚の馬場氏が営業権を受け継ぎ、明治三十二（一八九九）年には現在地に移転。『北越雪譜』『越佐歴史散歩』をはじめ、数多くの郷土資料を発刊した功は大きい。三代目周三も由太郎を襲名し、のち新潟日報文化賞を受賞。

ところが変わり、出雲崎町の和菓子店大黒屋から「何かありそう」と紹介されたのが、当地に渡邉氏が開業した「天屋書店」のために不折が昭和四（一九二九）年に書いた額だ。先代の恩恵が輝いているとの「家祖餘澤《かそよたく》」の四字句の右側に、書店開業の「二十週（周）年」に書いたとある。

当時の店主はこの年の賀状に、不折書額を印刷した。その一枚、相馬御風宛てが糸魚川歴史民俗史料館に保管されている。逆に御風からの書店主宛て手紙も残る。話題は良寛そして民俗芸能で、『出雲崎おけさ節』冊子をありがたく頂戴したが、ただし巻頭「良寛上人作」はあやしいものでご再考を、と御風のペンは伝える。大正十五（一九二六）年に店主が発行した冊子献本への礼状で、本を確かめると良寛歌句五首が載っていて、これに対し御風は親切に感想を記したのだ。

いずれにせよ、店主はふるさとの歴史を著した出版物と精巧な印刷による絵はがきを何種か作成している。

震えを帯びた
扁平の書体

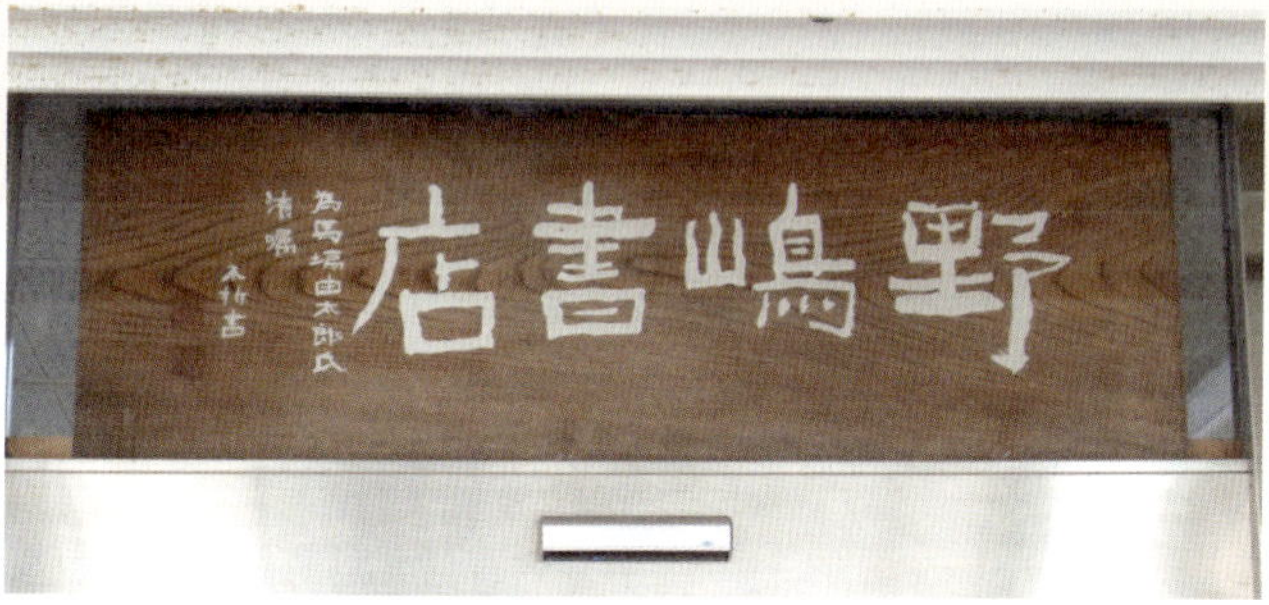

左：中村不折書
「野嶋書店」

下：中村不折書
「家祖餘澤」

交友も広く、来信と入手した短冊文芸作に目をみはる。若山牧水、田山花袋、北原白秋、斎藤茂吉などのスターが揃う。

先便とは別の大正十一（一九二二）年、御風の手紙に「これまで幾度となくそちらへまゐってゐますが、一度もさう云ふおもとめに接したことがなかったのに此度あなた方の講演依頼のおかげで」「出雲崎と良寛和尚の本当の関係が出来かけて来た」という内容の講演会があったことが読めるのは貴重だ。

当地の良寛顕彰及び郷土史家といえば、良寛堂建立に尽力した佐藤耐雪と決まっている。耐雪は明治三十（一八九七）年から十年間、書籍商を営んでいた。どうやら渡邉氏は耐雪の薫陶を受け、さらに書籍商の営業権も引き継いだと思われる。

話を伺ったのは九代目の当主・渡邉秀夫氏。五代目民吉が天屋書店を開いたのだが、中村不折の書額のおかげで、明治四十二（一九〇九）年頃の開業と分かる。六代吉次も民吉を襲名し、読書が知識の源泉だった時代、店を発展させた。現在残る書画の文化遺産もこの人物が集めたのだが、惜しくも四十一歳で没している。なお書店は、二〇一四年に幕を下ろした。

（二〇二三年六月十七日 掲載）

■燕喜館と里仙

新潟市中央区

43

明治高官の書 市内に点在

「燕喜館《えんきかん》」は湊町新潟を代表する商家斎藤氏の邸宅内の一棟を、平成七（一九九五）年に白山公園内に移築した純和風建築である。正面玄関に三字木額が掛かる。この肉筆原稿が室内奥、かつての正式な玄関中央に鑑賞できる。そちらには「明治辛卯七月題　三洲 長 炗《ちょうひかる》（光）」と署名があって、近代指折りの文人・長三洲《ちょうさんしゅう》が明治二十四（一八九一）年に書いたと分かる。

長三洲は豊後生まれ。明治の初め清国との修好条約を結ぶ随行員になった時に中国の地で漢詩を激賞され、帰国後文部、外務関係の官僚として出世する。明治天皇の信認あつく、明治二十七（一八九四）年には東宮侍書を命ぜられるも、舌がんを患い翌年六十三歳で没した。

そんな高級官僚の書が新潟市内に点在する。古町通の薬王寺「邦衛山」三字木額、上大川前通の旧小澤家住宅の書額、江南区北方文化博物館には「君子中庸　明治辛卯夷則《いそく》月（陰暦七月）　三洲長炗」書額と、茨城生まれの日

上：長三洲筆
「燕喜館」書額

右：里仙の看板

和菓子老舗に漂う文人趣味

本画家松本楓湖《ふうこ》が楠木正成《まさしげ》と正行父子の、湊川決戦別れの場面を描いた絵に、三洲が頼山陽詩を書き加えた額を見上げる。そこには前作と同じ年の八月、当主伊藤氏のために書いたと署名が入っている。以上を整理すると、三洲は少なくとも明治二十四（一八九一）年の七、八月に新潟に滞在している。

またこの時、ゆかりの地・長岡を懐かしんで訪れている。三洲は勤王の志士でもあった。さかのぼって戊辰戦争の際、山縣有朋隊に従軍、中越地区での激戦により、山縣は右腕だった時山直八を失う。時山の墓誌が小千谷に建っているが、その書は時山と同僚だった三洲の美しい楷書になる。

話を燕喜館に戻そう。畳敷の大広間で七月十五日に、脳外科の世界的権威で俳人、また水彩画を得意とした中田瑞穂（俳号みづほ）の書画展を越佐文人研究会主催で開く。伝統文化を多面的に味わってもらうために、当日は新潟大学石州流茶道部による茶会を三席催す。茶菓は新潟市古町通の老舗「里仙《さとせん》」の「水面《みなも》」に決まった。

この里仙は昭和二（一九二七）年創業。古町通から見る隷書と篆書を用いた看板が、学生時代から気になっていた。署名がなく、付近窪田町に住んだ日本画家の吉原芳《ほう》仙《せん》筆では、とずっと思っていたが、この度初代社長佐藤佐吉の書と聞いた。

佐吉は金巻屋《かなまきや》で修業し、昭和三十六（一九六一）年現在の店舗を建てる。會津八一など風流人との幅広い親交を持ち、例えば店内には高野山大僧正の書額二点が掛かる。

會津八一記念館館長だった小柳マサに勧められ、あんを好む八一にちなみ最中《もなか》「かまつか」を製造しているが、その菓子の題字は八一歌書の冒頭の文字を転用している。

店内に掛かっている額が気になった。八一と交流のあった東大寺管長の上司海雲《かみつかさかいうん》宛て釈泰龍（不詳）の巻紙手紙額で、それを読むと、銘菓栗かんの風味を絶讃している。

栗かんは季節限定商品だが、年間を通した看板商品は、もち米を皮の原料として用いた独特な食感の「里仙もなか」である。この菓子の題字にも見飽きないよさがある。

包装紙も凝っていて、野坂昭如《あきゆき》の父が本県副知事時代に書いたものや、近くに居住した画家・粛粲宝《しゅくさんぼう》の変わったデザインが用いられ、店全体に文人趣味が漂っている。

（二〇二三年七月一日掲載）

44

良寛しのぶ愛らしさ

■国上寺と五合庵

燕市

燕市分水良寛史料館で開催中の亀田鵬斎の絵画作を中心とする企画展を鑑賞後、国上山《くがみやま》ビジターセンター駐車場に向かい、そこから「国上寺《こくじょうじ》」を参拝した。開基は和銅二（七〇九）年と無類の歴史をもつ真言宗の寺だ。

本堂入り口には良寛と同時代の人物、江戸で鵬斎に学んだ出雲崎生まれの内藤鍾山《しょうざん》書「無量寿」木額が掛かり、均整のとれた美しい篆書である。堂内にもう一枚「雲高山」木額、署名は「武江得水書」と刻む。

本堂内の正面に行基《ぎょうき》作と伝わる阿弥陀如来、右側にはこの建物を建立した万元《ばんげん》和尚の座像が安置してある。万元は和泉国生まれの国上寺中興《ちゅうこう》、そして良寛の住んだ近くの「五合庵」に最初に入った僧だった。

庫裏で現住職の中興三十一世、山田光哲氏に話を伺った。茶の間の大額は、相馬御風の雅号の命名者・雲照の筆だ。

思えば自分の学生時代、先輩に連れられて五合庵に行った時、山道には木の根が顔を出していた。当時、庫裏の入り口に「久賀美天羅《くがみてら》」と良寛書を刻んだ木額が掛かっていたのが印象的だった。この木額の再見が今回の取材の第一の目的で、それは庫裏の改修に際し外され、聚宝蔵《しゅうほうぐら》に収められていた。感激の再会、うっすらと白色の胡粉《ごふん》が線に残っている。彫りは浅いがシャープで、五合庵脇の「たくほどは」良寛句碑の彫りとよく似ている。木額の方は中興二十九世山田鏡阿僧正が良寛書から集字したもので、村の人に刻を依頼した。大正期にかけての作と推定される。

木額の背後には良寛の用いた枕《まくら》地蔵が立っていた。ニコニコ顔で、全体には使い込んだ証しか自然な丸味が出ている。

ついでながらこの聚宝蔵内では、文字通り珍しい宝物を拝見した。上杉氏からの寺領安堵書状、当地生まれといわれる酒呑童子《しゅてんどうじ》絵巻、そして漢詩と和歌を交互に貼った良寛書屏風は、手の動きが見える如き躍動感を帯びた傑作である。和歌を書いた屏風は大変珍しい。

そこから、二回にわたり石段整備を施した山道を歩み、

「久駕美天羅」木額も収蔵

五合庵へたどり着く。道の周囲には無数の杉の大老木が茂り、かつて良寛を慕ってここを往来した人々の姿が思わず脳裏をよぎった。

五合庵の板戸は開け放たれており、室内をじっくり見学できる。正面中央に明治の著名な書人・中林梧竹《ごちく》筆を刻む「五合庵」木額を見上げた。同時代の他者に真似できない、おどけた愛らしい書体で、良寛のイメージにふさわしい。そのはず、梧竹は当時珍しかった良寛の伝記をつづった顕彰碑の書を依頼され明治二十八（一八九五）年秋に来越して揮毫、良寛の人となりを知っていた。

なお私が見ていたのは昭和四十七（一九七二）年作の複製で、本物と「うり二つ」とご住職はいう。ただし吉田六《りく》嶺《れい》編著『良寛碑をたずねて』によると、本物裏面には「大正八（一九一九）年五月寄贈　新潟市小林二郎七十九歳」とあり、刻者は富山天池《とやまてんち》と紹介している。五合庵自体は大正三（一九一四）年再建、「たくほどは」句碑はその六年後の建立になる。

以上の聖域を守るのには相当のご苦労があり、参拝者の寄付が自ずと支えになる。托鉢から帰った良寛もそうするであろう、と思いつつ。

（二〇二三年七月二十九日 掲載）

上：中林梧竹書「五合庵」木額

右：良寛書「久駕美天羅」木額と
良寛所用枕地蔵

■ 考古堂書店

新潟市中央区

45

敬慕の良寛を壁画に

右：良寛と子ども三人の壁画

下：平沢興書「一以貫之」

「考古堂書店」の創業者柳本実之介《みのすけ》は西宮生まれで、石油営業所長として新潟に赴任、元々漢籍好きの性分から明治四十四（一九一一）年、新潟市の古町通四番町、鍛冶小路との角地に古書を主とする考古堂書店を開業した。

長男誠一は新刊本を扱い始め、とくに医学書の販売に力を注ぐ。「新本部」「古本部」の二枚看板で、戦時下の厳しい時代を乗り越えた。

昭和二十二（一九四七）年、誠一と中学生の長男親子が五頭山で遭難する悲劇にみまわれる。次男だった現会長の柳本雄司が三代目を継ぐまでの間、母を中心に親戚が看板を守った。

戦後現在地に移るが新潟地震で木造二階建ての店舗が被災、二年後の昭和四十一（一九六六）年に鉄筋四階建ての考古堂ビル、現社屋が完成した。

今回取り上げる店の看板は、良寛が子ども三人に対して本を読み聞かせている、ビル側面の巨大な彩色壁画だ。

友人通じて
現会長が心酔

与板の浜田表具店から入手した日本画家・河内舟人《かわちしゅうじん》（一八九九～一九六六）の双幅作に基づき、陶磁器で有名な多治見製のモザイクタイルを現地で組み合わせたものを、壁に貼り込んだのだった。五十七年も経ったのに一ピースも欠けていない。画家河内については昨年、出雲崎町良寛記念館で企画展があって、改めて人物画のすばらしさを感じ取れた。

　また壁画の下には良寛詠歌一首と「壁面に寄せる、子どもと遊んで無心にかへり、書物を読んで道を楽しむ。豊かに生きてやわらぎ与え、心のオアシスああ　良寛さま　琴舟渡辺秀英書」の一文を、鋳金家の亀倉蒲舟《ほしゅう》の刀で計八枚の銅板に仕立てはめ込んでいる。

　当時社長の雄司氏は三十歳。この若さでなぜ良寛にこれほど没頭したのか、きっかけを聞いてみた。新潟大学人文学部在学中、年齢は上だが同級生の斎藤忠雄と「馬があった」という。忠雄の父は「心の良寛」を描き続けた、画家・こしの千涯《せんがい》（一八九五～一九五八）だ。この友人を通し、次第に良寛に興味を抱いていく。

　さて改めて店の正面を見る。「医学書、洋書、謡本、良寛郷土図書」を扱う横組活字看板、ウインドー内の右には良寛修行地の円通寺住職だった矢吹活禅《やぶきかつぜん》書「和」字額を掛ける。雄司氏は聖徳太子十七条憲法の和を尊ぶ精神を愛し、現社長の息子に和貴と名付けているくらいである。

　左に「昭和壬子夏　八十穭翁《ろおう》写」と署名のあるヒポクラテス画像額、これは新潟医科大学教授中田瑞穂による昭和四十七（一九七二）年作の水彩画の複製で、書店の周年事業で作成頒布した一枚。

　また店内正面には医学博士で京都大学総長だった、平沢興《こう》筆「一以貫之」（いちをもってこれをつらぬく）扁額がある。執筆のいきさつとともに、良寛顕彰史に触れてみよう。昭和五十三（一九七八）年に新潟県良寛会（一九八三年に全国良寛会と改称）が発足、翌年に会で平沢博士に特別講演を依頼した際、揮毫をお願いする機会があった。

　以来この言葉通り、「全国良寛会の総会は全て出席」「各地の良寛会会長は良寛のかたまりみたいな人揃いで、寝食を忘れて良寛さんと言っていた」と話す雄司氏は、常に良寛敬慕のフロントランナーを務めている。

（二〇二三年八月五日 掲載）

46

若き蒼竹と名僧の書

■三河屋本舗　新潟市中央区

■越後善光寺　新潟市西蒲区

猛暑の中、「夏の風物詩　昔のアイスクリン」で知られる「三河屋本舗」（新潟市中央区）の赤地に白文字を浮き上がらせた看板を取材した。署名はないが、店とご近所の書家・江川蒼竹の珍しい楷書の文字だ。ここ本町通十四番町界隈に第四銀行や門《かど》の湯があった頃、初めて看板商品のアイスクリンを口にした。今回久しぶりに注文をして、シャーベット状の食感が記憶によみがえった。

元々店は上生菓子屋《じょうなまがしや》で、幕末に川村修就《ながたか》新潟奉行が、直々に地元特産の近代風味としてクッキー風の菓子「関の戸」を作らせたという。老舗のプライドもあったが、小川伊弥《いや》（二〇〇二年没）が昭和三十五（一九六〇）年からアイスクリンを製造し始め、下町《しもまち》の名物となる。店のしおりによるとアイスクリンとは、明治初めに横浜で製造が始まったものとは別の、牛乳を含まない和製アイスのこと。その昔の味を復活させたのだった。

息子、敏偉も店を継いだ。敏偉亡きあとは夫人の和子氏が工夫を重ね、定番の味とレトロな店の空気感を守り八年目の夏を迎えた。いきのよい卵と砂糖と水が成分で、五月から十月中旬までの限定商品。一度ご賞味を。

取材当日は新潟まつりの前日で、店の近くに住吉行列で用いる神輿《みこし》が安置されていた。上部「一番」の文字は、やはり江川蒼竹による天に雄飛するような書だった。

次にお盆行事の中から、「越後善光寺」（新潟市西蒲区）のご開帳を紹介する。毎年八月十六日に行われ、かつて西川まつりよりもにぎわいを見せたことがあったという。

如来堂《にょらいどう》と称す本堂正面に佐渡蓮華峯寺住職だった道本《どうほん》の、金箔《きんぱく》を押した豪快な三字書「無量寿《むりょうじゅ》」が輝く。当地と無縁の人物だが、信州生まれにちなみ書を掲額したものか。県下寺院の扁額《へんがく》でも、屈指の存在感を放つ。

如来堂内には信濃善光寺一一〇世智光上人の大書額二点の他、地域の書画文芸資料になる額が掛かる。

ご開帳日に限って、秘仏三尊が拝める。中央の阿弥陀如

味覚、行事
夏の郷愁色濃く

左：江川蒼竹書
「三河屋本舗」

下：道本書
「無量寿」木額

来像の指と、境内の回向柱《えこうばしら》を清白な布で結び、たらす。その布に触れると、仏様と直接結ばれご利益を得ると信じられている。

正午からのご開帳の冒頭、「御縁起《ごえんぎ》」と称す巻物を集落の代表が読み上げる。内容は「当地を治めていた大関氏の娘は不幸にも半蛇身だったが、信濃善光寺を参拝して霊《れい》験《げん》と無量寿像を賜り喜んで帰郷、そしてこの寺を建てた。のち像は行方不明になるも、享保十三（一七二八）年に村に戻った」経緯を記す。ここに名前のある大関氏は上杉家臣と伝わり、旧西川町にいくつかの足跡を留める。

なお無量寿像とは阿弥陀仏像のことで、先の道本書額の三字書もご本尊につながるものだ。

参道入り口の形の美しい鐘楼は、付近の治水事業に尽力した伊藤氏の門を移築したとの説がある。

寺に檀家はなく、以上の文化財を善光寺集落の住民で管理している。お話を伺った役員の方々も、親の代から引き継ぎ、次代に伝統のバトンを渡すのに苦労されている。ふるさとに帰った時、家族でだんらんを過ごしながら地域の行事を話題に上らせたいものだ。

（二〇二三年八月十九日 掲載）

高野竹幽書「椿寿荘」（田上町）

武者小路実篤書「横場精良堂」（新潟市）

日下部鳴鶴書「寶翰堂」（見附市・長岡市）

相馬御風宅の奥土蔵扉の御風書「古今一如」（糸魚川市）

「糸魚川高等学校」校名板（糸魚川市）

古美術商・富江洗心堂の玄関（糸魚川市）

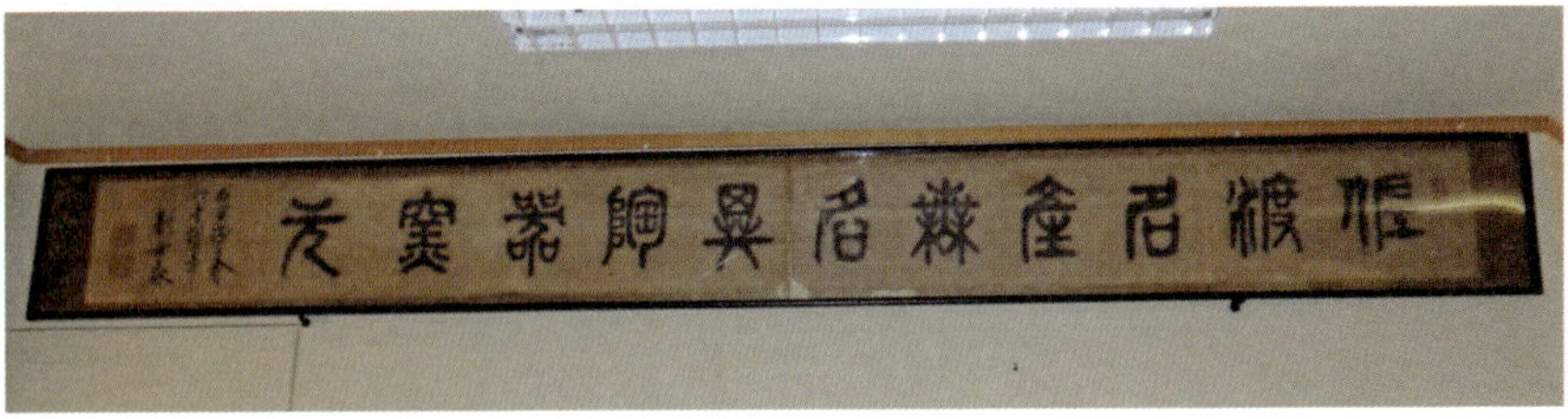

無名異焼・伊藤赤水窯の中国清人書
「佐渡名産無名異陶器窯元　丙寅残春念日　於金谿堂中　劉岳篆」（佐渡市）

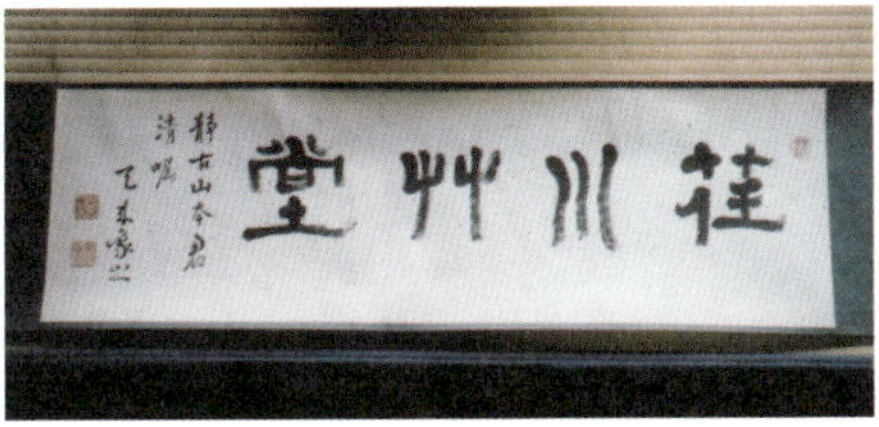

比田井天来書「茌川艸堂」（佐渡市）

勝田忘庵書「明治饅頭」（柏崎市）

日下部鳴鶴書「真野宮」（佐渡市）

安兵衛看板（新潟市）
現在は新調されている

47

片貝の煙火とともに

■浅原神社

小千谷市

海の柏崎、川の長岡の花火が終わり、そして残るは九月九日、十日に行われる片貝《かたかい》まつり（小千谷市）の山の花火だ。ポスターに「世界一、四尺玉」とうたう花火（地元では煙火《えんか》という）と、それを上げる地域の歴史を絡めてつづってみたい。

そもそも江戸後期、花火は今と違って「楯《たて》の観音堂」での縁日に、若衆が持ち寄り楽しんでいた。境内に村の有力者だった庄屋、文橋《ぶんきょう》の俳号を持つ太刀川喜右衛門《たちかわきえもん》の筆塚が建っている。長岡生まれで巻菱湖門下の書家・中沢雪城の書による立派なものだ。この太刀川は文化六（一八〇九）年から二十年間、村の暮らしを克明に日記に書き留めた。題して「やせかまど」（小さな台所）とは実に奥ゆかしい。地元で大切に扱われ、昭和五十（一九七五）年から有線放送を用い、各戸にこの内容を分かりやすく解説する活動がしばらく続けられた。

講師は浅田壮太郎（一八九七～一九八二）。当地を代表

上：花火の大筒と取材に
協力いただいた皆さん

右：三条実美書「浅原大神」額と
巌谷一六書「浅原神社」軸

文化的話題
尽きぬ土地柄

する風流人で、良寛研究にも多大な足跡を残す。放送時に浅田の相手をした小宮治郎氏によると、毎月二回各十分ほど、当意即妙の語り口で行われたという。

浅田に学んだ人々は現在、地域を担う人材となっている。最も薫陶を受けた吉原芳郎《よしろう》氏は「先生が分からないことはなかった」と回顧する。氏が代表となり、毎年「雪《せっ》庵忌《あんき》」と称する浅田をしのぶ集いが没年四十一年を経て、綿々と続く。浅田に心酔した良寛研究家・駒谷正雄《こまやまさお》の紹介で、私もこの会に参加している。

浅田の作文と書による「煙火三尺玉発祥之地」碑が小千谷市片貝町の「浅原神社」に建っている。裏の文には「明治二十四（一八九一）年九月、浅原神社大祭で日本最初の大煙火三尺玉を打ち上げた」と刻む。

この浅原神社は元は、若一王子大権現と称していたが、天保十五（一八四四）年に現在の社名になった。そして安政五（一八五八）年社殿改築記念に大花火を奉納し、これが現在のまつりの原形に近い。誰がどの大きさの花火を奉納したかを記録した番付を作っているが、古くは慶応三（一八六七）年六月分が残っている。

成人祝いや同級生同士、厄払いなどで奉納し始めたのは戦後からで、人生をかけた壮大なまつり行事の定着が進んだ。

注目の四尺玉だが、三尺三寸玉を経て試験打ちと失敗をはさみ昭和六十（一九八五）年に成功。玉の重さ四二〇キロ、直径一二〇センチ、筒の高さ五・二メートル、そして二日間で各一発、上空八〇〇メートルで直径八〇〇メートルの大輪を咲かせる。

今年も観客が群集するであろう。その時、神社参道入り口の社名を刻む石柱をちらっとでも見てほしい。さすが、当世屈指の書家・巌谷一六が明治三十三（一九〇〇）年九月に書いたものなのだ。この年一六は来越しており、九月の煙火を見物したに違いない。

元花火師で社務長の山口恒氏をはじめ、地元の方々に集まっていただき貴重な話を聞けた。幸運にも社名石柱の肉筆掛軸を社殿に上がって拝観できた。正面上部のケヤキ材に仕上げた三条実美書「浅原大神」木額もすばらしい。他、石黒忠悳《ただのり》や佐藤佐平治などの偉人、私塾朝陽館、耕読堂など文化的話題が尽きない土地柄である。

（二〇二三年九月二日 掲載）

■佐久間書店

新潟市中央区

48

装飾的な棟方志功筆

大学受験で前泊した時に新潟市内で佐久間、文求堂、学生書房三軒の古書店を見つけた。予想よりも書の関係本があって、入学以来よく通い続けたものだった。古町通にあった「佐久間書店」での思い出を書き留めたい。

昭和も終わりの大学四年生頃になると、こちらの店主・佐久間栄治郎と會津八一とに特別な親交があったことを意識し始め、何か聞き出そうと伺うようになった。しかし相手は、とにかく無口極まる方だった。

八一の新潟市定住は昭和二十一（一九四六）年七月、その少し前に「近いうちに貴店だけを目的として日帰りに出港を期し居り」と疎開先の中条（胎内市）から八一は手紙を投函、必要とする書籍がこの頃書店に続々と入荷していた。

同じ年五月と翌年四月、八一の支援を受け棟方志功（一九〇三〜一九七五）が佐久間書店で個展を開いた。その会場写真に、なじみの客には懐かしい装飾的な文様を施した志功筆による店名額が既に写っている。

一時の閉店をはさみ息子の栄一が神田での修業から帰郷したこともあり、昭和四十二（一九六七）年古町に店を開く。それ以前の柾谷小路の店を知る二、三人の方に聞くと、店内で八一ににらまれたり会釈を返されたりした特別な体験を語ってくれた。

さて、ある時から栄治郎の自宅において、珍しい郷土資料を格安で度々分けていただくようになった。部屋にはかつて八一の書額「如山堂《にょさんどう》」が掛かっていたが、この室名は新発田の歌人・原宏平門下の渋谷愚庵の命名になる。「問へども答えず」と八一が評した、余計なことを一切口にしない実直さにちなむもので、多くの文士が栄治郎に信頼を寄せた。

なお愚庵は新発田市五十公野の素封家《そほうか》出身で、大の読書家だった。この愚庵とともにぜひ調べて顕彰してほしいと栄治郎から言われたもう一人が、栄治郎と親交のあった佐渡生まれの書人・廣橋足穂だった。改めて栄治郎から私宛て封書手紙を確認してみると三十通以上、その筆跡

八一が支援
個展開き展示

からは、足穂調がしのばれる。

古町店の店内を思い出すと、今川魚心子と渡辺秀英、林斗南といった顧客文士の書画が飾られていた。自分が通った時、栄治郎は既に九十歳を過ぎ、昼まで店番をされていた。求めた本を束ね縛る紐の堅さは、まさしく「明治生まれの気骨」そのものと感じた。

午後からは息子栄一に店番が替わる。やがて奥さまが来られ、仲睦まじく夕食の献立を話題にされていた。栄一は若い頃、美術に志があり写真が趣味、豆から挽くほどのコーヒー好きゆえ、やがて自分の代になったら喫茶も兼ねて顧客をもてなしたいと思い描いていた。

栄治郎は二〇〇五年に一〇二歳、栄一は二〇一〇年秋分の日に八十歳でご逝去。お二人の葬儀に伺ったが、「悼佐久間翁　妻の待つ雪の浄土へ一人旅」「命日となりたる雨の秋彼岸」と旧知の蒲原ひろし氏は、二人に句を捧げた。古町店の方は二〇〇七年に閉じていた。

今回の記事化にあたり、久しぶりに佐久間家に伺った。桜井五台山人《ごだいさんじん》や高見寛爾《かんじ》の他、今後出現しないであろう郷土資料愛好家をこちらでご紹介いただいた懐旧の念でいっぱいになる。

（二〇二三年九月十六日 掲載）

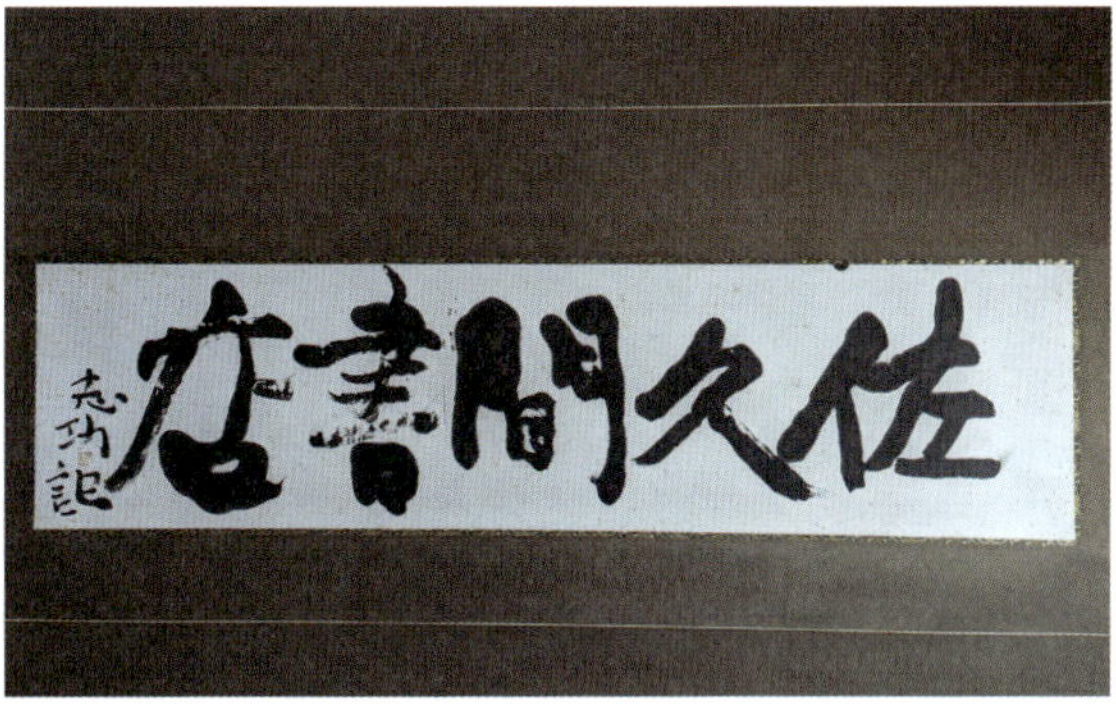

上：譲っていただいた棟方志功書

左：古町店での志功書額と佐久間栄治郎

阿賀町

49

山並みと川の流れを表現

上：岡村鉄琴書
「ふるさと阿賀町作家展」看板

左：麒麟山城阯碑

新型コロナウイルス禍で中止だった「つがわ狐の嫁入り行列」が十月八日に再開されるのにちなみ、初夏の五月三日に花嫁花婿公開オーディションがあった。

この日研究室の学生八人を引率して阿賀町に行った目的の一つが、オーディションと同じ会場で開催された「阿賀町ふるさと作家展」の見学だった。

奇祭の当日、町内外からの来客を芸術活動でもてなそうと、毎年五月の連休中に企画し、今年が八回目。地元の写真家で俳人の山口冬人氏と書家の齋藤汀艸《ていそう》氏が立案と運営に汗を流す。絵画、工芸、写真、書道の分野に町内外から四十三人の作家が出品し、私も「白虎隊詩」など書作三点を展示してもらった。山川の絶景が眺められる会場もすばらしい。

新潟大学での私の講義の一環として、この展覧会の自由見学を学生に課したところ、五日間の会期中、友人や家族を連れて大勢が来てくれた。先のカップルを決める会場に

学生と登った
麒麟山

若い人の姿があふれていたのは、学生たちだった。新大生の半分は県外出身者になる。見学の趣旨は学外の人々との接触。大学周辺を離れ、広い県内を探る一歩にするためだ。

そんなわけで、いつもは車でスイと行くところ、私も学生と同じく新緑の中を縫うように走る鉄道に揺られ津川駅で下車した。

実は到着して展覧会場に向かう前に、研究室の学生と麒麟山に登った。最高の蒼天下、かつて山城の津川城（麒麟山城）があった展望台付近を目指し、山道を進んだ。途中、野口雨情や佐渡生まれの藤川忠治の文学碑、侍屋敷跡の前を通り城跡にたどり着く。目印として巨大な石碑が建ち、「麒麟山城阯碑　子爵松平保男題」と、石面に会津藩最後の藩主だった松平容保《かたもり》の息子が書いている。ここは明治に入ってもしばらく福島の地であった。

城阯碑の裏の長文を読んだ。戦国時代東北では葦名《あしな》と伊達両氏が対立、津川城主の金上《かながみ》氏は葦名側につき、無念の戦死。江戸時代になると城は廃されたが、寛保二（一七四二）年に有志が山の守護神として稲荷大明神石祠《せきし》を寄進。のち昭和十五（一九四〇）年にはそこに金上氏の魂も合祀《ごうし》され、金上稲荷社と称するようになる。城阯碑はその二年後に建った。

学生と津川行を果たした数日後、何となくもう一度一人で登山に向かい、金上稲荷社を深く参拝した。そして、学生とは行かなかったその先の登山道に足を運んでみた。ほどなくして這いつくばるような岩肌道に変わり、いつも下から見上げる赤茶色の崖の尾根《おね》周辺にいるのだと察した。そこはまさしく先の城阯碑裏に「天斧《てんぶ》の屏障《びょうしょう》」「風光明媚、実に天下の奇勝」と刻む光景が眼前に広がっていた。すると急に一陣の風が吹き、小雨が木々を打ち始めた。狐戻《きつねもどし》城、狐火の逸話が語り継がれる由縁《ゆえん》を一瞬肌身に感じつつ、足早に帰途についた次第である。

今回、山城跡を象徴する石碑とともに紹介した展覧会の看板は、恐縮ながら私の書だ。山並と阿賀野川の流れをイメージしてみた。

（二〇二三年九月三十日 掲載）

50

名士迎えた宿、歴史深く

■ 香嶽楼

妙高市

未知の看板を求め、紅葉狩りの下見を兼ねて上越地方を巡遊してみた。

旅の入り口として、高田城近くの小林古径記念美術館に「生誕一一〇年齋藤三郎展」を鑑賞した。陶磁器への画技に見る構図と彩り、交友関係に注目する。

次に上越市内下池部《しもいけべ》の前島密記念館へ。巨大な顕彰碑一行書は、偉人の生誕地のシンボルにふさわしく渋沢栄一の書を刻む。

そこからぐっと先を目指し、妙高市の看板観光地の一つ苗名の滝に行く。この滝を得意の素材とした画家に、上越生まれの東洋越陳人《えっちんじん》がいる。絵には「雪や綿の如き水しぶきの白さ、勢いはごうごうと歌う如し」と、滝の形状を詩書に付記している。噴《ふ》きあふれる水量に感動しない人はいないだろう。山道の霊気を帯びた苔むす巨石の一つに、小林一茶の句「瀧けぶり側で見てさへ花の雲」が刻まれていた。明治初期の越陳人より早く、一茶も文化十(一八一三)年四月、滝の水煙に感嘆していたのだ。

満足感に浸りつつ高田方面に少し戻って、妙高市池の平に休む。昭和十三(一九三八)年、当地で詠んだ与謝野晶子歌碑が湖畔に読めた。

続いて新赤倉温泉街で、画家・小杉放庵ゆかりの碑を見る。

そして赤倉温泉街へ。ここは岡倉天心が大正二(一九一三)年に没した地で、遺跡の象徴の六角天心堂を初めて訪れた。二基ある終焉《しゅうえん》之《の》地《ち》碑の初代は、下村観山《しもむらかんざん》や横山大観など中央の画家が中心になって建てた。六角堂正面の小窓をのぞくと、天心坐像と目が合った。

幸い当日、付近の旅館などがお宝を一般公開していた。一軒を選び向かう。「香嶽楼《こうがくろう》」と御影石に刻む、横書き三字に目が留まった。昔、ここが名香山《なかやま》村と称したことにちなむ命名だ。石面右側に付刻した印面を読み、上越地方の書道教諭をして多くの人材を育てた小林朝海の書と分かった。

入り口脇には明治三十二(一八九九)年九月、尾崎紅葉がここに二泊した記念碑が建つ。人気絶頂の紅葉が、赤倉から

上越の景勝地に注目

上：小林朝海書「香嶽楼」

右：岡倉天心六角堂

新潟、佐渡へ続く詳細な紀行文を中央の新聞に連載したところ評判を呼び、文人仲間や知名の士が続々とやって来た。記事は紅葉没後、『煙霞療養』と題して単行本化された。

紅葉の文には「夙《かね》て聞及ぶ勝地《しょうち》」、自分の知る限り「此《これ》ほど山水の勝を占めた温泉場は無い」、温泉の「温度も適《てき》宜《ぎ》に」、夜食の膳の竹の笋《こ》の味噌汁を「格別の風味」と、香嶽楼での滞在を讃えている。

室内で与謝野寛（鉄幹）晶子夫妻が赤倉で詠んだ歌書二軸を拝見、箱書きは孫に当たる与謝野馨氏による。他、室内各所にひと昔前の感じのよい美術品が点在しており、旅館のただならぬ歴史が察せられる。

そもそも香嶽楼は明治十九（一八八六）年、上越線の直江津―関山間の開通工事を担った鹿島岩蔵が、東京からの富裕層の来遊の受け皿として創建した。明治終わり頃、高田から移住した村山氏が経営を引き継ぎ、現在五代目村山正博氏が代表取締役を務める。

毎年九月二日に天心忌が開かれ、かつては平山郁夫《いくお》画伯をはじめ東京芸術大学関係者が集った。近代日本美術の曙光《しょこう》から繁栄の歴史の香りが、温泉街の一隅に静かに残っている。

（二〇二三年十月七日 掲載）

51

酒ラベルに中央書家

■ 八海醸造

南魚沼市

県下数多い蔵元で、「八海醸造《はっかいじょうぞう》」を取材した理由は、ラベルの書に関心を持っていたからだ。

広報渉外課長の勝又沙智子氏に社の歴史と目指す味わい、そしてラベルの作成につき話を伺った。

昨年創業百年を迎えた八海醸造を興したのは、南雲浩一。山村部にあって客は少なかったが、地域貢献の一つとして酒造りを始めた。

この事業を四男の和雄が継いだ。和雄と妻の仁《あい》、杜氏の高浜春男を含む五人衆と呼ばれる社員が結束し、味の礎を築く。時は高度経済成長期、販路を関東に見出し生産量をかつての二百倍にまで押し上げた。目標とする淡麗《たんれい》な酒質は、洋食の普及など世間の食生活の変化も追い風となり支持された。

三代目現社長が二郎氏。市場の末端価格とメーカー希望小売価格の開きを解消すべく、流通網を開拓しながら、質を落とさずに製造量を増やす努力を重ね、二〇〇四年

上：懐かしい古川悟書によるラベル

左：文中触れた大吟醸ラベルなど

味引き立てるパートナー

には、本社近くに「第二浩和蔵《こうわぐら》」を建設。浩一、和雄社長の名前を含む酒蔵だ。

これからが肝心なラベルの話になる。中央で活躍した直江津生まれの篆刻家・古川悟《さとる》の印影を用いたものが、書道界で話題になった。二代目夫妻との縁によって、今までラベルの多くに作品が見られる。

次に注目したいのが、石川九楊氏の書による数銘柄。まず名だたるデザイナーの原研哉氏に、新製品のラベルを発注する。氏は「日本酒には毛筆でしょう」と、交流のある石川氏に揮毫を依頼したのだった。

一つ目「雪室《ゆきむろ》貯蔵三年八海山」（二〇一六年）だが、氏の作風としては意表を突き、読みやすい三字。次に「大吟醸八海山」（二〇二〇年）が登場。最近では「雪室熟成八年」（二〇二二年）が石川氏の書だ。この三種目の肉筆を、社に隣接する迎賓館の床の間で拝見した。「八八八…」と「八」字が八個踊っている様は、同社が大切にしている食事の場での会話を弾ませるものに通じる。

帰宅後、大吟醸で早速のどを潤した。勝手ながら、その大吟醸ラベル「八海山」三字への感想をしたためよう。

三字を囲む長方形をなす墨線は、窓枠だ。窓から眺めるギザギザ頭の八海山の形状が、一字目の「八」字に表現されている。平べったい「海」字は、連なる広大な魚沼の山並み、三字目「山」字の不思議な線のつながりは、さながら山脈にかかる薄霧雲だろう。以上「筆触《ひっしょく》」を書の命題の一つとする石川氏ならではの、筆先のタッチが楽しめた。

他のものでは、地元在住の田村岳川と鈴木大嘉両氏のラベル書がある。

もう一つ、普段よく見かける清酒「八海山」の極太ひげ文字ラベル。右下に、「金沢　タカクワ（高桑）美術印刷」と活字印刷がしてあるものを拝見した。そのような酒のラベル印刷を得意とする業者についても、貴重な情報を得た。

総じて各蔵元は、瓶の彩りと形状、化粧箱に工夫を凝らす傾向にある。一方、瓶のへその題字は、やはり和の味を引き立てるパートナーとしての役割を担っている。

（二〇二三年十月二十一日掲載）

52

生気あふれる書一字

■千年鮭 きっかわ

村上市

村上市の「千年鮭 きっかわ」は先代以来ふるさとの味を大切にし、添加物を用いない鮭の食文化を発信している。元々は造り酒屋だった。

吉永小百合さんが立つJRの巨大なポスターにもなったのれんについて、十五代目・吉川真嗣《きっかわしんじ》氏に聞く。

生気あふれる巨大な「鮭」一字を書いたもの。驚いたことにそれは、真嗣氏ご自身の書だった。のれんを掛けるまでの話は、村上の町屋を守る、まさしく火の玉のように熱い物語だった。

六・五メートル幅の道を十六メートル幅に広げ、町並みを一新する計画が起こった。城下町の風合いを色濃く残す土地のよさを失っては、取り返しがつかない。それに気付かせてくれた一人が、九州からの旅行者だった。

たまたま店の奥まで見せた時、「中にこそ本物の魅力がある」と讃辞をもらう。当時きっかわの外観はサッシ、通りはアーケードに覆われていた。そこで、歴史を刻む町屋内部の佇まいに合わせた店の改修を図る。平成十（一九九八）年から外装工事に入り、翌年六月のれんを掛けるに至った。

のれんに「一字ドカーンと、心を打つ、インパクトのある、何ものにも勝る書」を求め、ついに自ら筆を執ったのが吉川流といえよう。理想としたのは信州の書人・川村驥《き》山《ざん》の作だったと聞き、また驚いた。川村は自由闊達《かったつ》な作風で知られる、斯界で著名な存在だ。

筆を執ってみると、「神様からごほうびをもらった」と思うほど、快心の一枚が生まれたという。のれんの生地《きじ》は奈良から麻を取り寄せ、そこに書を拡大投影してまず文字の縁をなぞる。続いて線の中を墨で塗り埋め、染め物店で染め止めをして完成させた。

町の活性化をのれんと結び付ける発想には、原型があった。それは平成九（一九九七）年十月、東京での老舗名店市にきっかわが出店した際、全国町並み保存連盟会長で、和菓子の「会津《あいづ》葵《あおい》」社長と出会ったことだった。そこで町屋にふさわしい、店のシンボルになるのれんの美学を教えられる。会津若松市内に足を運んでみると、のれんの情緒に似合う町並みを目の当たりにできたと真嗣氏は言う。

次に市民パワーの結集を図りつつ、周囲の町屋に磨きをかける行動に向かう。春の人形さま巡りと秋の屏風まつり、さらに通年で人を呼べる町並みにと、二〇〇四年にむらかみ町屋再生プロジェクトを立ち上げる。市民の基金によって昔の姿に再生する取り組みだ。再生店舗は六十八軒に達す。また今年、全国規模のまちづくり賞も受賞した。

なお私の視点だが、豊島停雲作をはじめ村上市ゆかりの書画所蔵品の調査をいずれ提案したい。例えば、常時きつかわの店内に掛かる村上の人・板垣氏宛て長尾半平の手紙に「年賀御配慮有難く、魚十尾代金を小為替券をもって呈上、尚十五尾頂戴したい。星ケ丘茶寮《ほしがおかさりょう》主人北大路《きたおおじ》氏に背ワタの話をいたしたところ…」と、魯山人まで登場しているのは見逃せない。

とはいえ、客にとっては入り口ののれんに断然注目が集まり、しばしばこの前で記念撮影を楽しんでいる。「満を持して立った」と力強く語る店主の気概が、風にたなびく一枚の大のれんに乗り移っている。

（二〇二三年十一月四日 掲載）

のれんにドカーン
自ら筆を

上：吉川真嗣店主によるのれんの書

右：店内の様子

■ 雪国の宿 高半

湯沢町

川端康成直筆の大のれん。右側に文学資料室

金子大弦書

53

川端自筆のれん、堂々

大学受験のため、ふるさと川越から新幹線に乗った。ピカピカの快晴が新潟県に入るや、まさに川端康成の小説『雪国』の冒頭通り「国境の長いトンネルを抜けると雪国であった」の光景となった。今回は、この小説が執筆された部屋が残る湯沢町の「雪国の宿 高半《たかはん》」の紹介だ。

入り口左の札には、「一度入浴すれば美人となり二度入浴すれば若返り、三度目は子宝に恵まれ、常時入れば不老長寿」と、温泉の効能が記され縁起がよい。また建物の前に「菊の香《か》やわき出る水もふし（不死）不老」と、昭和三（一九二八）年頃に来遊した俳人・花之本聴秋《はなのもとちょうしゅう》（一八五二～一九三二）の句碑がある。

ここは駅から少し離れた高丘に建つ、湯沢最古の温泉。約九百年前に家祖高橋半六が土着《どちゃく》し、温泉を見つけた。

山間地の宿に浮沈盛衰はあったが、昭和六（一九三一）年上越線が開通する。この年に三階建ての高半新館ができた（現在六階建て）。あわせて駅の周辺に多くの旅館が

名作多数
美術館さながら

並び始め、スキー客でにぎわう観光地となる。

東洋一長い清水トンネルを通り川端がやって来たのは、湯沢―長岡間が全通した昭和九（一九三四）年。当時群馬県の大室温泉旅館に滞在していた川端は、そこでまだ行ったことのない越後の宿の紹介を頼んだところ、高半をすすめられた。単身ブラリと訪れ、宿を気に入った。宿側は連泊する初めての客をいぶかしがったが、あのどんぐり目から間違いなく川端だと確信したという。女将の高橋はるみ氏が、先代から聞いた貴重な話だ。

フロント階上に、川端の使った「かすみの間」が移築されている。入り口に川端自筆「雪国」二字を染め抜いた大のれんが掛かる。くぐると、たちまちタイムスリップした世界が広がる。その入り口に「不老閣　湯元高橋」と書いた古い木板があった。そして畳の部屋に。障子を開けると、川端が見た連山の空気感が伝わって来た。ここで実在の芸者・松栄《まつえ》（駒子のモデル）と川端は歓談を重ね、あの名作を生み出したのだ。

のれん右側に文学資料室がある。のれんの元になった直筆色紙を中心に、与謝野寛（鉄幹）晶子夫妻、北原白秋、藤川忠治、宮柊二、西脇順三郎らの展示品が並ぶ。美術品を愛した先々代が短歌を作ったことによる、館ゆかりの作である点が尊い。なお「かすみの間」は宿泊客ならどなたでも見学できる。

私にとってもう一つのお目当ての看板だが、原本がフロントに飾ってあった。濃墨を用いた重厚な隷書で、筆者はしばしば来客した長岡の書家・金子大弦だった。その右隣にある亀倉蒲舟の、淡彩を施したつがいの朱鷺《とき》鋳金作も名品だろう。

別に入り口正面に十日町出身の藤巻秀正作「雪わらべ」木彫、三条出身の中沢茂作「坂戸山」洋画、新潟出身の小島丹漾《たんよう》作「妓、帰る」日本画など、展覧会出品の大作に目が行く。大勢いた町の芸者は今、一人もおらず、小島作は当地の芸者文化をしのぶ一大資料になる。総じて旅館全体が美術館、文学館なのである。

帰途、駅近くの主水《もんど》公園に建つ川端の雪国一節を刻む自筆文学碑を見た。周辺の環境が変わり行く中で、この碑が語るような、凛《りん》とした光と特有の温かみが、今昔不変の雪国文化として伝えられることを祈りつつ。

（二〇二三年十一月十八日 掲載）

54

■美や古

新潟市中央区

まるで三味線の音色

新潟市中央区の古町通九番町、東新道（鍋茶屋通り）の待合《まちあい》として名の通った「美や古《みやこ》」についてだ。店の一帯を古町花街《かがい》と称し、道幅の狭い空間に密度の濃い特別な情緒が漂う。十軒十色、個性的な佇まいの店名看板が、各々の顔である。

漢字の「美」、平仮名の「や」、「古」は再び漢字のくずし字（変体仮名）を用いた、あて字の如き看板文字に以前から注目していた。「や」字の冴えた高い響きの書線は、さながら三味線の音色のようだ。残念ながら筆者の署名がない。そこでこの機に、所有者の今井篤子《あつこ》氏に話を聞いてみた。

予想しなかった江川蒼竹の書だった。蒼竹作は會津八一に似てどこかゆがんだアクのある字形と、紙を叩く筆線がトレードマークだと思う。それとは異なる淡雅な、女性的な風味なのだ。若書きなのだろう。また生前の氏から、「一業一書」と聞いていた。料理屋・割烹では「蛍」（ホテルイタリア軒別館）の店名を書いていたので、意外に思ったのだ。よほど店と蒼竹は縁があったのだろう。

ここは元料亭「きなれ亭」、また日本通運社員寮だったこともあるらしい。そこに昭和二十五（一九五〇）年頃、今井ミヤが美や古を開業した。ミヤは旧白根市の料理屋の娘で、本人はそこで芸者になっていた。

美や古が生業《なりわい》とする待合とは部屋を提供する業種で、料理は外から取り寄せる。客の希望でどこの寿司、ラーメン、あの店のコーヒーなどと注文を受ける。「社長以下は来られない」、これは冗談ではない話だろう。会合、二次会、古町芸妓とのお座敷を楽しむ場として盛業。全六室、皆手洗い所がついていて客同士の鉢合《はちあ》わせはない。一階は二室、二階には一番広くても十八畳。こぢんまりとした空間に人があふれ、歴史を刻む建物に生気を与えた。平成の前期、一日二回転はしていたという。

接客する仲居《なかい》は口の堅い三人で、全員が住み込み、揃って四十年間勤務した。それが、こうしたスタイルの営業が難しくなったのと建物の老朽化もあり、惜しまれつつ二〇

蒼竹の書
店と関わり深く

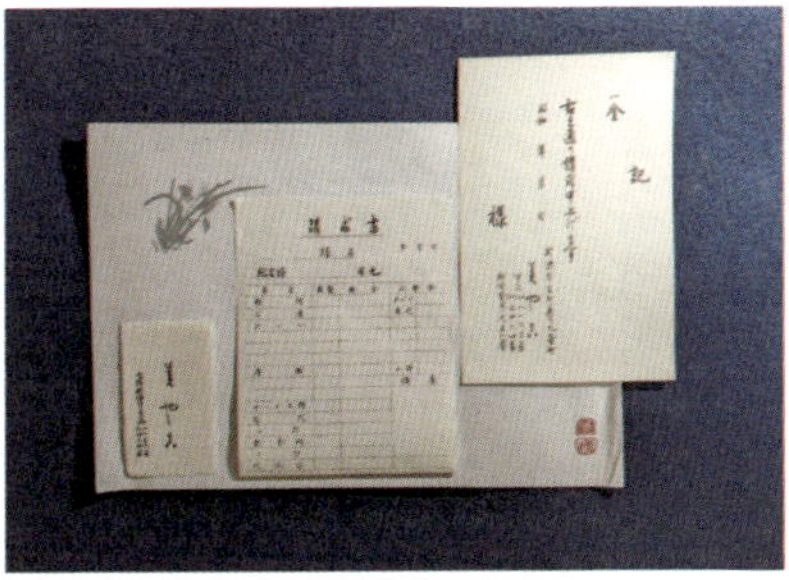

上：「美や古」入り口の江川蒼竹書

左：蒼竹による諸々の書画

〇六年休業となる。

そもそも店と江川蒼竹とは家族ぐるみの付き合いで、蒼竹は妻を連れてよく茶を飲みに来ていた。それだけではなく、仲居と芸妓に対しこちらで出稽古をしていた。女将のミヤのために特別に「日用語」（折帖《おりじょう》）と題し、のし紙に書く用語の手本を贈っている。名刺や請求書など店のあらゆる書類が蒼竹書だった。

最も珍しいのは、食事の敷き紙に蒼竹が水墨の蘭図を描いたものだ。若き日、「墨に七彩あり」といわれる墨色の研究のため、新潟市内の南画家渡辺鴻業《こうぎょう》門の潮声会《ちょうせいかい》一員として、蒼竹は画業もたしなみ、鴻業の遺作集を編集するほどの間柄だった。蒼竹の商業文字の評判は高いが、画作の用例は他に見ないのではないか。

蒼竹の大病の際、入院先が白根の病院だったり、執刀した新潟大学医学部教授が美や古の上客だったりと、江川家と女将とのつながりは濃い。

ところで、休業後の美や古だが、花街活性の重要な拠点になる予定だ。藤田金屬など四社が出資したまちづくり会社が、周辺施設の再生を目指している。

（二〇二三年十二月二日 掲載）

55

市山流 芸妓文化支え

■古町花街の老舗

新潟市中央区

新潟市の伝統産業の看板でもある花街に関してだ。前回の連載で触れた美や古は部屋を提供する待合（茶屋）。それと料理屋、芸妓のいる置屋《おきや》を、三業《さんぎょう》と称す。三つは連携して、全国に誇る規模の現役花街の中核を担う。

花街の「花」、芸妓の計画的育成に財界人が立ち上がり、昭和六十二（一九八七）年に柳都《りゅうと》振興《しんこう》株式会社が設立された。のち二〇一八年、それまで西堀通にあった三業会館解体に伴い、新潟三業協同組合とともに休業中の美や古に入った。

それが美や古の事情もあり、隣接する旧「割烹有明《かっぽうありあけ》」内に今年五月移転し、今に至る。

東新道に面する有明の建物は明治三十八（一九〇五）年、古町通まで続く奥は昭和三（一九二八）年増築分（「柳都新潟古町花街たてものマップ」参照）。

幸運にも関係者のご配慮で、白塗りとは異なる芸妓の素顔と稽古風景を見学できた。二〇一一年おひろ芽《め》（お

左：市山流舞踊の稽古写真

下：有明での長唄三味線の稽古

名取の名札ずらり

披露目）のキャリアを持つ和香《わか》さんの道案内による。彼女は旧亀田町生まれ、祖母の影響により着物で踊るのが好きだった。高校二年の時、朱鷺メッセであった就職セミナーで柳都振興のブースと出合い、この道に入った。

伺ったのは美や古の向かい、日本舞踊「市山《いちやま》流」家元の稽古場兼住宅だ。引き戸の音で、もう身が引き締まる。細い階段を上ると新潟市指定無形文化財の七代目家元・市山七十郎《なそろう》氏にかづ葉さん（小千谷生まれ、舞妓《まいこ》さんになりたかった）とみすずさん（埼玉生まれ）の二人が稽古をお願いするところだった。おけさ尽くしと古町音頭の二曲を一時間習う。

「もっと腰を折れ―」「せいくらべしているのか」「目線をもっと上に―」…。活字にできない厳しい指導の雨で、これには内心驚倒した。「期待されているからこそ」の厳しさだが、私の勤務先の新潟大生だったら翌日は来なくなるだろう。途中から和香さんが見かねて後輩二人の間に入り、踊り場に上がってかいがいしくアドバイスをした。

ついで私の視点だが、入り口上方の四、六代目の肖像画をいずれじっくり見たい。今回話題の看板として特筆したいのは、こちらで名取になった方々の名を墨書した名札で、数えて三面に一九二枚ある。東京の勘亭流の筆者によるもの。

市山氏のように家元が地方にいるのは珍しく、よって県外からも習いに来る。

別の日、東京から来られている岩田喜美子氏の長唄と三味線の指導を見た。先生が上座《かみざ》で唄いながらバチを弾き、生徒のふみ嘉《か》さん（新潟生まれ）が背筋を伸ばし合わせて弾く姿が美しい。

注目は十六畳の稽古場に掛かっていた、水墨富士山図大額だ。「暁天晴雪《ぎょうてんせいせつ》　為有明楼　昭和七（一九三二）年元旦永芳試筆　於八千八水《はっせんやすい》（新潟の別名）寓居《ぐうきょ》作」と落款が入っている。来越した日本画家・橘田永芳《きったえいほう》が、九十一年前の元旦に、有明で明け方の雪国の空を背景に制作したものだ。

近年歴史的建造物の保存に各方面からの提案がされる花街だが、建物を生かすのは間違いなく調度品、書画掛軸によるしつらえである。

確かに花代《はなだい》は高い。しかしあの稽古を知ると、各自の価値観次第とも思われる。年の瀬の古町、芸妓さんは稽古とお座敷で殆ど休みなしらしい。

（二〇二三年十二月十六日 掲載）

■柏崎市立図書館

柏崎市

56

メガトン級の郷土資料

「柏崎市立図書館」の歴史は明治三十八（一九〇五）年、刈羽郡宮川の旧家・猪股氏の「雷道文庫」の寄贈が基礎になり、私立図書館としてスタートした。

同じ年、刈羽郡南条村《みなみじょうむら》の学塾「三余堂《さんよどう》」を経営した藍澤家の蔵書資料が寄贈された。長善館（燕市）と並び、近世越後の名塾と称されるこの家の資料の多くが、新潟県指定文化財になっている。

そして今回の話題の中心、大正七（一九一八）年には柏崎の政財界の雄・中村藤八《とうはち》がメガトン級の郷土資料を、収蔵する建物まで付けて寄贈した。

今回、図書館の三階にある保管室を取材した。入り口の木板に行書で「中村文庫　大正七（一九一八）年七月　栗《りっ》城《じょう》」と文字を刻む。これは寄贈時からの看板で、筆者は石地《いしじ》の旧家、日本石油会社社長の内藤久寛《ひさひろ》だった。

これとは別に、入って正面に、やはり内藤の行書による四字肉筆額が掛かる。

ぎっしり並ぶ木棚には本だけではなく古文書や掛軸、木像、考古出土品などあらゆる分野の資料が約三千点詰まっている。

注目は左の棚にある貞心尼《ていしんに》関係資料だ。貞心尼は長岡生まれだが柏崎で出家し、当地の「不求庵《ふぐあん》」で生涯を閉じ眠っている。三十歳の時に七十歳の良寛のもとに通い始め、和歌を学び詠じ合った。良寛没後四年で貞心尼がまとめ記した『蓮《はちす》の露《つゆ》』なくしては、良寛研究はできないと言ってよい。貞心尼辞世《じせい》の歌など貴重品の中に、これら資料を集めた中村藤八自身、貞心尼のことを聞き取り調査をした記録（巻物）も含まれている。彼が貞心尼研究者の一番手であろう。

また資料群のほぼ全てに、柏崎文人・山田鏡古の書による題字類が付記してある。鏡古は貞心尼の後半生を支えた、当地の旧家山田静里《せいり》の子孫である。中村文庫の中の貞心尼関係は、山田家に伝わったものをひとまとめに入手したのだろう。ちなみに奇《く》しくも中村文庫寄贈の年、長岡

中村藤八
建物付きで寄贈

に互尊《ごそん》文庫が誕生している。

柏崎市立図書館は昭和四十五（一九七〇）年に建て替えられた。次いで平成八（一九九六）年、柏崎小学校前から現在地に新築移転して今に至る。ソフィアセンターの愛称で、市内外に知られていよう。

この年に司書として採用され、現在館長代理を務める小林俊夫氏によると、採用当時から先輩に「郷土資料を大切に」と告げられたという。上記の他、勝田忘庵（書道）、小竹忠三郎（絵はがき）、桑山太市朗（民俗）らからの一級品の寄贈が続く。

保存のみならず、公開にも努めている。一例として一昨年は貞心尼没後一五〇年に当たり、こちらの関係資料が各地の企画展で大活躍だった。付け加えるに、中村藤八のひ孫中村伸《しん》氏がこの節目の年に、家に保存していた良寛資料『木端《こっぱ》集《しゅう》』と良寛書碑拓本約百点を図書館に寄贈されたのは特筆すべきである。元々は、良寛研究家の渡辺秀英が集めた各地の質の高い拓本だ。

図書館では早速新たな資料の紹介として、一月十一日まで「良寛いしぶみ拓本展」を開催したところである。

（二〇二四年一月二十日 掲載）

上：「中村文庫」の木板が掛かる建物前での郡会議員記念写真（1918年12月）

左：内藤久寛肉筆書額。右下は中村藤八肖像写真

■ 競書誌『太空』

57

点に雄大な意味込め

『太空』創刊号表紙

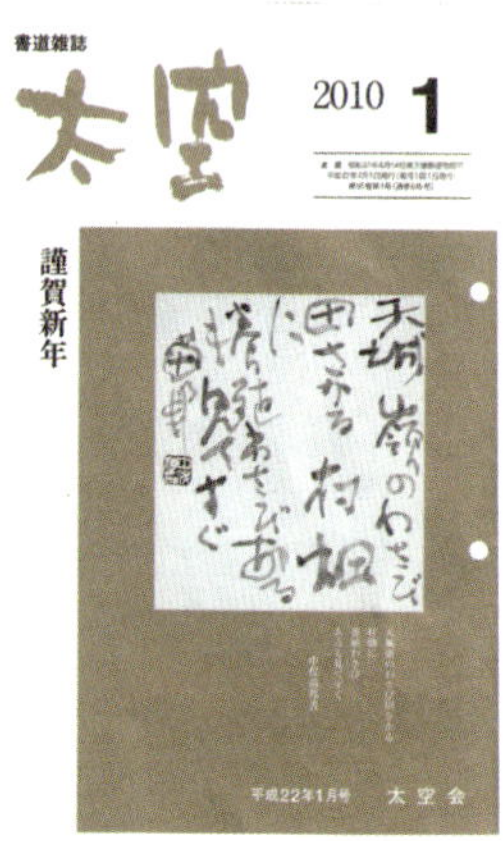

アララギ派の歌人らしい遺墨が表紙を飾る（2010年1月号）

書初めを身近に思うこの時期、本の題字例として競書誌（書道雑誌）を話題にしたい。『太空《たいくう》』誌とその創刊者に触れてみる。

発行元は昭和二十五（一九五〇）年に書家の中俣苗邦《びょうほう》（一九一九～一九九六）が結成した太空会だ。以降書展を開催する中、競書誌発行の機運が高まり、『太空』第一号が昭和三十一（一九五六）年四月に世に出た。貴重な創刊号を苗邦の古い弟子である田中白邨《はくそん》氏のお宅で拝見しつつ、あわせて師の人柄を聞いた。

苗邦は中学校教員だった。その三十歳台、新潟市宮浦中学校勤務時代のこと。大学を卒業して数年の白邨氏は入門を願い出た。しかし「そんな年齢では遅すぎる」と断られる。

そのはず、のちに毎月一回の研究会への参加を許され、行ってみると、中高校生が書の制作に励んでいた。研究会の内容は持ち寄った作品の互評会で、先生と教え子の区

反骨宿した
中俣苗邦の筆

別なく率直にものを言い合った。当時高校生、のち県下書壇で名を馳せる石山苗水《びょうすい》や田中信泉《しんせん》も終バスに間に合わず、苗邦宅のあった市内関屋金衛町から沼垂まで歩いて帰ったほど、皆熱が入っていた。

ところで会名だが、初め会員の青柳潭舟《たんしゅう》（中学生）が百種ぐらい案を出し、熟考の末「大空」に絞った。それを見て苗邦は一点を打ち満足する。「太空」には「大々《だいだい》空《くう》」、雄大なる意味が込められているのだ。

県展に書道部門が新設され、苗邦も門人も競って出品した。中でも石山苗水と伊藤鳩南《きゅうなん》の両氏は二十二歳で県展奨励賞を受け、当時の最年少記録となった。

苗邦の方も三年連続奨励賞を受け、あとは県展賞で無鑑査になるという時、わざと落選を狙うように映る出品を続けた。本人にとっては五年ごとに作風を開発する試みを重ねていたのだった。見かねて白邨氏が「これを出して」と勧めた作が、栄えある県展賞に輝くも、本人は無鑑査の資格を辞退してしまう。

反骨漢、在野精神みなぎる人物像に合致した図太い書線の作を発表したが、会の創成期には軽妙で飄逸《ひょういつ》な作風を得意とした。若い人々と競う中で師も成長を続けていた光景が、古い『太空』誌の「条幅誌上座談会」などにうかがえる。

この競書誌の早期表紙の副題に「鑑賞と競書」と印刷してある点こそ、本誌の際立つ個性だった。制作とともに、考え、見ることの大切さを書道界に訴えようとしたのだ。そして苗邦自身、「中央指向への問題」「陽のあたらぬ習字教育」「凄味のない現代書」などと題する批判精神の宿った長文コラム記事を毎号に寄稿した。執筆者は苗邦ばかりか、評論の面でも会員は成長を遂げていた。

苗邦は平成八（一九九六）年一月入院。田中白邨氏は病室に、師が手塩にかけて育てた「太空書道展」のその年度の出品作写真を持っていった。するとベッド上で一点ごとに批評を書き始め、消灯後にはトイレにこもってまで書き続けた。それが『太空』誌通巻四八八号に発表され、氏の最後の評論となった。

現在では薄田逸斎氏が代表幹事として会務を引き継ぎ、通巻八一四号に当たる六十九年目の『太空』二月号が発行されている。もちろん表紙の題字は、苗邦の筆だ。

（二〇二四年二月三日 掲載）

58

高須翠雲の最高傑作

■ 新潟地方裁判所と『換鵞』誌

新潟市中央区

「新潟地方裁判所」は明治八（一八七五）年、白山神社前に建った。現在の建物は、昭和四十三（一九六八）年三月改築竣工したもの。建物の看板ともいえる「裁判所」三文字を、太く深く刻んだ石碑に注目した。裏面に「昭和四十三（一九六八）年三月　高須翠雲《すいうん》書」と、いつ誰が書いたかが読める。

筆者の高須翠雲（一九〇六～一九九八）は新井（現妙高市）生まれの書家。昭和二十八（一九五三）年九月、新潟市学校町の自宅を拠点に「北日本書芸院」を設立した。翌月、機関誌（競書誌）『換鵞《かんが》』を創刊。書聖王羲之《おうぎし》が鵞鳥を好んだ故事にちなむ命名だ。

会の歴史に関してだが、昭和二十（一九四五）年九月に全県下の書人が集い「北越書道会」を結成、翠雲もその幹事の一人だったが、運営上方向性の相違から独立の行動に出た。『換鵞』創刊号に、当時の事情が読める。

現在の書芸院主幹・菅野翠涛《すいとう》氏に取材をした。氏は中学生時代から翠雲の書塾に通い、東京の大学に進学中は翠雲の紹介で青山杉雨《さんう》に師事した。杉雨は戦後の昭和書壇を代表する一人。夫人は翠雲門の新潟人である。

翠涛氏は帰郷後、翠雲から声がかかり書塾を開きながら、師の手伝いを二年後輩の大井岳陵《がくりょう》氏とするようになった。

この高須翠雲が率いた書芸院から日展、謙慎書道展など中央の大きな展覧会で活躍する人材が多く輩出された。背景には翠雲の力量と人脈がある。

まず機関誌『換鵞』の題字が、西川寧の筆による点は見逃せない。西川氏は制作と理論面で斯界に名の通った東京在住の実力者で、先の青山杉雨の師に当たる。翠雲も西川門下で、早い頃日展に中国書人・王鐸《おうたく》調の行草作を発表していた。

昭和二十九（一九五四）年七月には新潟市内の女子工芸学校で西川寧と青山杉雨を招いた講習会と、會津八一の講話会を開いた。

以降二年おきに豊道春海《ぶんどうしゅんかい》など著名な書家を講師に招

「北日本書芸院」
率い育成も成果

上：筆者が許可を得て撮影した「裁判所」の三文字を刻んだ石碑

右：西川寧書『換鵞』の新旧題字

き、中央直結型の指導を展開している。ここまで名を挙げた講師全てが「超」の付く、地方には呼び難い大物揃いだ。

機関誌は、昭和三十一（一九五六）年五月号より現在のB5判に拡大する。昭和五十八（一九八三）年一月号からは、西川の題字が新しくなる。いかにも西川らしいメリハリの利いた隷書だ。対して創刊以来の古い題字は、ぽってりとしたコクのある隷書で、こちらもすばらしい。二つを比べると、ゆったりとした時代から変容し、スピード感を求める嗜好の変化までが透けて見えてくる気がする。書は社会の写し鏡なのだ。

菅野氏から頂いた『北日本書芸院の五十年』（二〇〇三年刊）には、創刊以来顧問格の書人が『換鵞』へ寄せた参考作品を、一挙に掲載している。現代書への歩みを振り返る好資料といえよう。

ちなみに競書誌は、用済みの号ほど処分されやすい。この点、書芸院本部には、『換鵞』のバックナンバーが欠けずに保存されているのに驚いた。

大井岳陵氏は師から「書に生きた記念になれば」と、裁判所の文字を書いたことを聞いていた。大井氏いわく、師の最高傑作は西川寧調を吸収したこの三文字であると。

（二〇二四年二月十七日 掲載）

59

地域と関わる佐藤光堂書

■ 角屋悦堂

新潟市西蒲区

「角屋悦堂《かどやえつどう》」は、かつて新潟市西蒲区の岩室温泉の中心街にあったが、江戸時代の大火で店名の通り交差点の角地に移った。駄菓子屋とよろず屋、芸者置屋を生業にしていたが、昭和七（一九三二）年以降、本格的な菓子屋となった。

初代社長佐藤賢之輔と二代悦夫は岩室村長として、地域の顔でもあった。商品開発に余念のない悦夫が平成四（一九九二）年に店を改装した際、自分の名前の一字をとり「角屋菓子店」から「角屋悦堂」と改名し、看板も新調した。

その少し前、悦夫はある会合での稲葉修代議士との会話中、「看板を書いてやるよ」と声をかけられた。店内中央に掛かっている木目の美しい木額看板は、贈られた書を元に、加茂の大工が作った。

取材中も来客が絶えない。女将の佐藤千恵子氏が丁寧に注文に対応している。午前中は旅行客、午後は地元のお

上：佐藤光堂書
「角屋悦堂」看板

左：佐藤光堂書
「金鍔」木額

無署名
誇らぬ人柄の表れ

遣《つか》い物や自宅用として売れるという。付近には元々菓子店が多かったらしい。例として近郷の間瀬《まぜ》では還暦や米寿の節目に、居住区内の全世帯に鯛菓子を配る風習が残っている。地域の特性が需要を支えていた。

客が迷うほど商品の種類は豊富だが、看板商品は「金《きん》鍔《つば》」で、たいていの客が求めている。店内にその菓子名を墨書した、目を引く木札が立っていた。

外に出て改めて店構えを見た。先の「金鍔」木札墨書が木額に仕立ててある。季節に合った各種菓子名を大粒文字で和紙に書いているのは、女将だ。たくさんのにぎやかな看板類の中でも主役の店名四字木額の書が、あらゆるところに転用されている。署名は付いていないが、一見して佐藤光堂の筆とわかる。

光堂は以前、この連載で紹介したように、長く巻高校書道教諭を勤め、特に旧西蒲原郡一帯の書文化発展に功績を残す。発表作は自身の言葉を素材にして、社会問題を鋭くえぐり続けた。

光堂と店との関わりだが、二代目社長と交流があった。岩室村の人口が一万人に達し、また、コシヒカリの生産も一万俵を超した時、新製品「一萬《いちまん》」を売り出した。この菓子袋の題字が光堂筆で、掛軸に仕立てた元の書も拝見できた。店名を改め開店した前後、昭和の終わりから平成にかけての店の歩みに書家が関わっていたのだ。

同じ頃、私は学生時代の教育実習に当たり、巻高校で光堂教諭の指導をいただいた。「学、芸、道」の三位一体の精神を説かれ、とにかく厳格なイメージの指導者だった。自給自足、手製の弁当を持って来いと命ぜられ、ご自身も作って範《はん》を見せた。次第に、先生の大らかな指導力に魅了されるようになった。

息抜きに高校内のこまどり食堂に連れて行かれ、みそラーメンを食べたりもした。現在校外に出店したこまどりには、光堂書額「来萬福」が掛かっている。

他、光堂書の看板では、岩室の日帰り入浴施設「よりなれ」やそばの「わた膳」、巻の「松郷焼《まつごうやき》　濱窯《はまがま》」など旧郡内に点在しているが、その多くに署名が入っていない。実力者だが誇らない人柄の表れだろう。

生前の書道界での姿とは別趣の、地域の人々と家族同様の交流があったことを、取材の先々で実感した。

（二〇二四年三月二日 掲載）

■良寛の書

新潟市中央区など

60

細身で粘りの筆運び

良寛書は細くて小粒、看板に向かないイメージだが、数軒分が伝わる。「さけ」「古手類、丹後屋」（古着屋）の二点は、太くぬるっとしている。当時の役人や教養人の筆跡「御家流《おいえりゅう》」の味につながるものだ。

中でも有名なものは、長岡市に伝わった「酢醤油《すじょうゆ》」「上州屋」二枚だろう。店の主人がわざと粗末な看板を張っていたところ、それを見た良寛は案の定、「これではよくない」と書いてくれた。

主人がそれを明かり障子に貼っていたところ、江戸から来た有名な亀田鵬斎が見て「もったいない」と、代わりに自分の書を掛けさせた。

次に鵬斎の弟子巻菱湖の目に留まり、「師の分は秘蔵すべし」とまた書いた。こののち、良寛とも接点のある栃尾の文人・富川大塊《たいかい》も書いた。しめくくりに雲洞庵《うんとうあん》の新井石龍が書く。こうして、江戸から昭和期までの五人分の看板が揃った。

このうち、軸装された良寛書二本を展覧会のために、ありがたくも借用できたことがあった。二軸が入った箱書きを會津八一が手がけ、「良寛禅師真蹟招牌《しょうはい》（看板のこと）二種　昭和二十二（一九四七）年十月十四日拝観因題」と墨書していた。昭和天皇の北陸巡幸にあたり、八一はふるさとの文化の代表として天皇に良寛につき講話をする予定で借用。企画は中止となるも借りた礼としてこのように箱書きをしたという。

もう一軒、五面も良寛に書いてもらったのが飴屋万蔵（三代目）で、「飴屋」はかつて新潟市の柾谷小路と東堀通の交差点近くにあった大店《おおだな》だ。三条の宝塔院住職を介して、渋る良寛を追いかけ、ようやく念願が叶った。作り話ではなく、良寛の日常を書きまとめた『良寛禅師奇話《きわ》』に、いきさつが載っている。おまけに良寛は、「われ今日、厄《やく》に遭《あ》えり」と、とんだ災難だったと知人に語ったとも書いてある。

水飴屋の五面
大火も無事

実際、現物五面が伝わる。立派な檜製で、文字が浮かび上がるように刻し、線の中には漆を塗り、さらに輪郭部分に金箔を押している。縦形の二枚は、元々一枚だったものの表裏らしい。当時看板は、さぞや湊町中心部で輝いて見えただろう。

飴屋は明治十三（一八八〇）年の大火で焼けた。この時まで残っていた看板の肉筆は箪笥《たんす》に入れ東堀に投げ込んだが、惜しくもこれは焼失してしまう。逆に壁にはめて動かせなかった看板の方は、奇跡的に無事だった。

伝わった木額は、良寛書を転写した工芸品ともいえよう。水飴屋の看板にふさわしい、細身で粘りのある筆運びを細部のかすれまで再現している点に、真価がある。このお宝看板が五面揃って、現在の所蔵先の新潟市歴史博物館で四月いっぱい公開されているのは必見。

なお火災後、万蔵宅は市内の寄居町に転居後、閉店した。そのあとに別の人が「良寛堂」と称す笹だんご屋を開店し、そこも今年百年目を迎えた。店の看板は二代目店主、佐久間吉太郎の筆による。

（二〇二四年三月十六日 掲載）

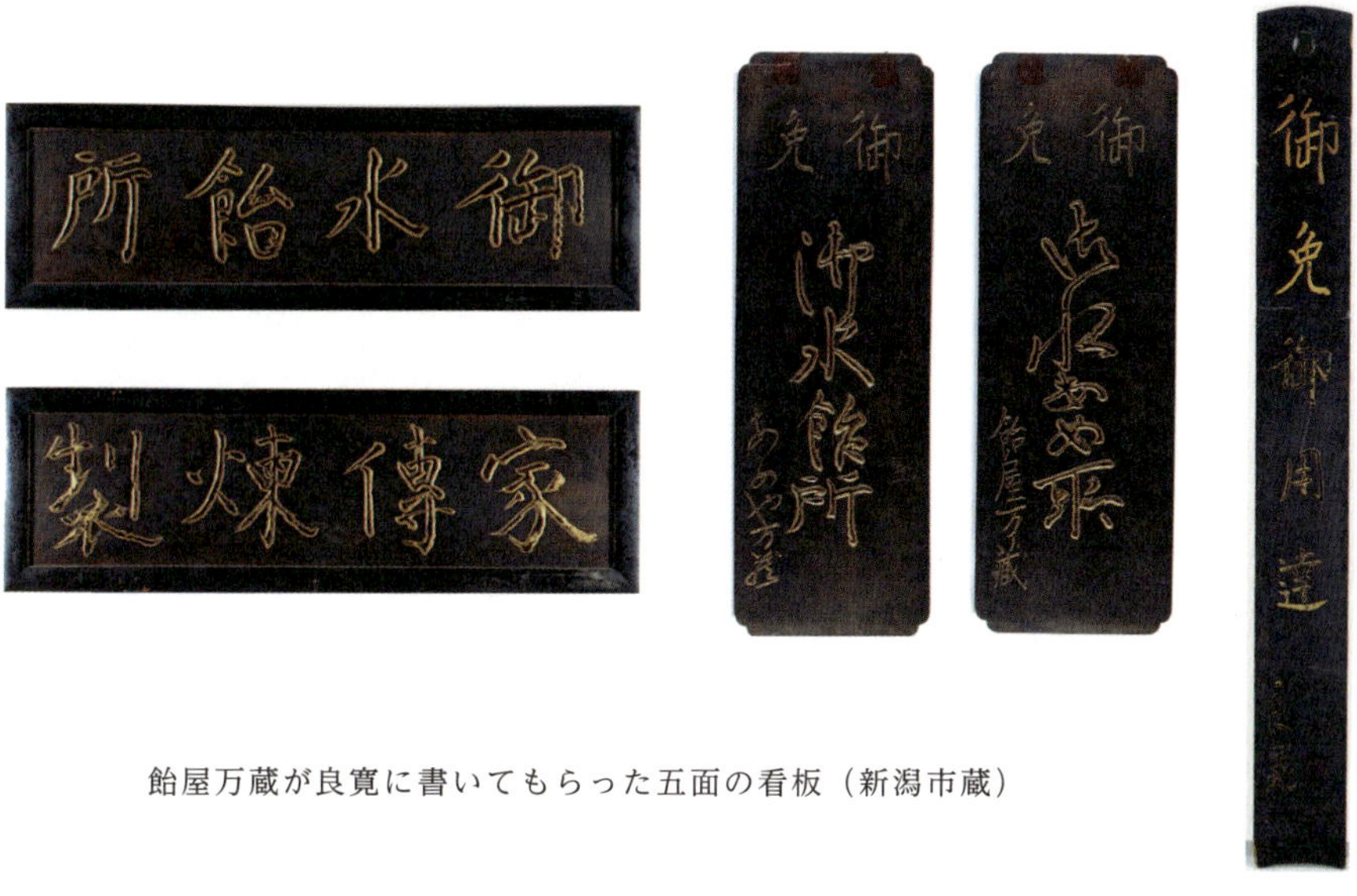

飴屋万蔵が良寛に書いてもらった五面の看板（新潟市蔵）

■ 近藤酒造

五泉市

61

書に浮かぶ美酒の味

上：小川芋銭書画ラベル

右：坂井清風書ラベル

五泉市で幕末から続く「近藤酒造」の看板商品は、「菅《すが》名岳《なだけ》」だ。毎年寒の入りから九日目、「寒九の水汲み」と称す菅名岳から汲んだ清水で仕込む酒である。

地元密着、ファン参加型の酒文化の普及を目指す店の歩みを、八代目当主の近藤伸一氏に聞いた。創業期の銘柄は「栄《さかえ》三輪《みわ》」で、酒造りの神様といわれる奈良県の三輪明神大神神社にあやかった命名だ。ちなみに酒屋の看板の杉玉は、元々三輪明神の神木に由来する。

昭和に入って六代目が「酔星《よいぼし》」を出す。今回の取材は、まずこの酒のラベルが目当てだった。「醁《りょく》、千日、酔星」と、気分よく飲んで酔っぱらいの腰のようにふらりとした文字の右に竹、左に烏帽子《えぼし》をかぶった仙人を描いている。題字は中国の故事「千日酒」にちなむ。「醁」とは、竹の葉の要素を含むうま酒を指す。

ラベルのユニークな書画は、幻想的な河童の絵で知られる日本画家、小川芋銭《うせん》（一八六三～一九三八）による。放

ラベルに芋銭の自画像か

浪の画人かつ俳人で、例えば新潟県内では当時秘境だった東蒲原郡実川で、「忘るなよ万治《まんじ》峠《とうげ》のほととぎす」と大正四（一九一五）年に詠んだ句碑が建つ。それくらい、越後路の大自然に芋銭は後ろ髪を引かれたのだった。

五泉にも滞在し、かつて多く作品が残っていた。ラベルの仙人は、近藤酒造で美酒を味わった芋銭の自画像だろう。惜しくもラベルの原画は、昭和二十（一九四五）年四月の五泉大火で焼失してしまった。

大火に続く戦後の混迷から復興期の酒造を支えたのは、この「酔星」で、今日も人々に愛飲されている。ラベルは古い型の再版を用いている。

次の七代目は家業を継ぐ前、上京し大蔵省国税局に勤めた。奇遇にもそこで上司になったのが芋銭の次男、小川知可良《ちから》だった。

知可良は国税局退職後、水戸で酒産業全体を扱う大手の副社長となる。そこに今度は八代目現社長が、先代のすすめで修業に入る。つまり小川家と近藤家三代の間には、特別な親交が続いたのだ。

八代目に関わる話題の一例に、新たに考案した「越乃《こしの》鹿六《かろく》」酒を挙げる。鹿は神様の使い、「第六感」の響きにも通じ、また近藤家の家紋の「抱角《だきつの》」につながる命名だ。限定酒だったものだが、漫画『美味しんぼ』四巻で、主人公がエスカルゴに合うのは白ワイン、いやそれ以上に純米酒、それも「越乃鹿六」が最高品だ――とレストランで話すシーンが描かれた。すると、またたく間に時流に乗って売り上げを伸ばしたという。

振り返って、ずっと造り続けているのは「酔星」だけ、著名なのは「菅名岳」ということになる。以上、取材を終えて五泉からの帰途に当たる旧小須戸町（現新潟市秋葉区）で、書家の坂井清龍氏宅に寄りたくなった。父君は「菅名岳」の題字を書いた坂井清風だ。取材の様子を伝えると喜ばれ「のどごしのよい酒」と、清龍氏はさすが通《つう》の評価をされた。

聞けば清風は、重厚な山の雰囲気を出そうと、広い紙面に何枚も書き込んで「菅名岳」題字を仕上げたという。大地を踏みしめる如き左右に張った線、水を掬《すく》い上げる手つきにも見える字形は、「寒九の水汲み」酒の象徴にぴったりだ。

（二〇二四年三月三十日 掲載）

62

味わい豊かな創作環境

■清雅堂　弥彦村

■古川彫刻　阿賀野市

旧知の芸術家のアトリエを訪問した。

　弥彦山を借景に見る豪壮な建築の門に、「清雅堂　椎《すい》軒《けん》」と読める鎚起《ついき》工房ならではの額が掛かっている。僅か一ミリの厚さの銅版に松脂《まつやに》を施し、裏から鏨《たがね》を駆使して文字を打ち出している。

　「椎軒」とは良寛の詩歌《しいか》の解読と多くの筆跡鑑定に携わった原田勘平（一八八七〜一九七四）の雅号で、室内正面に外で見た額の肉筆も掛かっている。その品格の高さに、しばし目が留まる。

　話をお聞きしたのは、昨年の日展工芸部門で栄えある会員賞に輝いた工房の二代目、西片正氏だ。

　創業者の父西片巳則《みのり》は、旧分水町（現燕市）在住の鋳金職人だった。原田勘平とは近所のよしみもあり、昭和二十八（一九五三）年頃に店に命名揮毫してもらった。

　作家としての出発点だが、中学生の時に尊敬する父に連れられ日展を鑑賞したことによる。やがて上京して修業。二十五歳で帰郷以降、日本現代工芸美術展と日展を主な作品発表の舞台としてきた。

　正氏の日展会員賞作は「夏が征《ゆ》く」と題し、スイカをイメージした流線形にカブトムシと蝶をあしらったもの。金《かな》槌《づち》による鍛金《たんきん》と、鏨による彫金が巧みに融合した技法だ。

　「子どもがずっと夢みているようなもの」と制作の心境を語られた。「孫がいるから」とも。店舗に隣接する工房では二人の息子さんが、身近に置きたい実用工芸の制作に励んでいた。

　翌日、阿賀野市保田のツベタ地区にある古川敏郎氏の彫刻工房兼教室に伺った。氏は新潟大大学院修了。イタリアで西洋彫刻を専攻した渡辺利馗《りき》教授に彫塑はもとより、かけがえのない人生の学びを受けた。実は私と在学が同時期で、先輩に当たる。

　かつて痩せ型だった体形は、ノミを握り続ける生活で筋肉隆々と化していた。安定した教職を早期に辞め、丸々制作に

鎚起と溶断文字を刻んで

上：原田勘平書「清雅堂」

左：古川敏郎作「古川彫刻」

費やす時間の確保に切り替え、ちょうど十年目を迎えた。

現在制作中の国展出品作は、等身大以上の人物像の木彫だ。「カーン」と響くノミの音を聞けば、工房が山林地にポツンとある理由が分かる。

ここで古川氏は自身の制作とともに、彫刻の普及に熱くなっている。取材の日、三人の生徒に会った。皆さんが塑像と木彫にのびのび取り組む姿に接し、古川氏の指導が恩師の渡辺流だと察した。

お目当ての外壁の看板は、保田のだしの風（冬に吹く最強の東風）に当たり古風な赤銅色《しゃくどういろ》をまとっている。撮影中、初めて見るような顔で生徒が寄って来て、先生が鉄にバーナーで線描（溶断）した看板文字のできばえに、あれこれ注文をつけている様子も好ましい。

そういえば学生時代、多くの先輩が大学校舎内をねぐらにして奔放な日々を送っていた。今思えば、その環境が一本気な作家肌の人材を育てたともいえる気がする。

戻って、先の西片正氏は「一年の計は日展にある」「全国の仲間と工芸でつながっている」とおっしゃる。その態度に、偉ぶった点はない。やはりあの弥彦の麓での創作環境が、人格と技を醸成しているのだろう。

（二〇二四年四月六日 掲載）

■35年前の写真から

新潟市中央区など

63

学生時代の風景再び

三十五年前の平成一（一九八九）年七月二十日、大学生だった私は新潟市内（現中央区）の看板を撮影して回った。

一番堀通にあった「縣立新潟図書館」の縦書き一行の墨書木板は、書家の手によろう。当時、職員に聞いたが不明。現在鳥屋野潟ほとりにある図書館で再度伺うと、『図書館報』（一九五四年十月刊）の表紙に、看板写真及び岡田正平県知事の「雄勁《ゆうけい》な筆」が完成したとの解説があると教示を受けた。見ると私が撮影したものと異なる。以前、少なくとも二種の縦書き看板が時を変えて掛かっていたようだ。

現在、版画通りと称するところに「旅館大野屋　鈴木」と横書き文字を刻んだ貫禄ある木額があった。會津八一の日記にも登場する老舗だった。

営所通に古書店が二軒あった。「学生書房」の看板は、小説家で登山家の深田久弥《きゅうや》の肉筆だった。撮影を申し込

上：石橋犀水書「文房四寶」

右：1989年当時の「縣立新潟図書館」看板

自然に退色
今の味に変化

むと、店主はわざわざ室内正面からはずして外に出し、「どうぞ」と言ってくれた。店は閉店後長らくそのままだったものの、最近別人による新たな職種への内装工事が始まり、本棚は姿を消した。

古町十字路近くに楠《くすのき》紙店があった。筆を並べた商品棚の上に、「文房四寶　為楠帋（紙）店　甲寅孟秋　犀水題」と墨書した書額があった。新潟大学教授を務めた石橋犀水が昭和四十九（一九七四）年に揮毫したものだ。写真を撮りたいと頼むと「その書は大したものではないが、使った筆がすごいのだ」と、さすが老舗の店主の一言は違う。

筆絡みで話は長岡市内に及ぶが、横書きで「寶翰堂」と刻んだ筆匠木額の隷書三字が忘れ難い。明治の大書家・日下部鳴鶴筆だった。私は新潟市内で鳴鶴展を企画した時、この看板を借用した懐かしい思い出がある。書道用品店としての長い歴史にふさわしい看板だった。

同じ長岡市内の駅近くに、松岡譲の書を刻む「御表具師」木額があった。松岡は戦時中から当地蒼柴《あおし》神社境内などにしばらく疎開生活をしたので、書画作が周辺に残っている。

再び新潟市内に話を戻す。中央区こんぴら通の茶舗に、棟方志功の肉筆看板を見つけ驚いた。以前連載で取り上げた佐久間書店の分と瓜《うり》二つの、彩色を伴う仕上げのものだった。

古町通の浅川園店内左手に、東京の著名な書家・上田桑鳩書を県人鋳金家の亀倉蒲舟が看板に仕上げた名作が見られた。店は他所で営業しておられるが、都合で本作を掛けていない。

以上、小さなアルバムをめくりながらつづった。再見が難しいもの揃いだが、中には今日同じ場所で盛業する店の分も撮影していた。しかし趣が一変している。例えば大阪屋（八一書）や丸屋本店（牛丸好一書）では同じ看板でも、色合いに手を加え新調されている。加島屋の看板は同じだが、店舗というよりビルに建て替えられ店構え自体が変貌を遂げている。

笹川餅屋の木額はかつての撮影時には文字に緑青色がくっきり残っていたが、それが自然に退色して現在の味に変わっている。里仙のものは、通りの雰囲気ともに当時のままだ。近くに日本画家・吉原芳仙筆による、三國屋表具の看板があったことも記しておきたい。

（二〇二四年四月二十日 掲載）

64

教育界のすばらしき看板

■朝平山雲と中俣斗山書

新潟市西区、中央区

新潟市立五十嵐小学校（西区）の教育目標「未来を創りだす子ども」揮毫依頼を受け、四月二十二日おひろめ式の全校集会に出席した。全校生七六〇人のパワーに驚く。

同日の夕方、同じ西区の木山小学校へ取材に伺った。玄関脇の堂々とした墨書の校名木板がすばらしい。筆者はこの学校の卒業生でもある書家・朝平山雲《あさひらさんうん》だ。山雲の書は地域に愛され、多くが残っている。正統派のゆるぎない大字楷書に本領が発揮され、近くの神社の幟なども手がけている。

学校は全校生六十人。今春の入学生は六人だが、一四八年の歴史を持ち、これまで五一二五人の卒業生を輩出している地域の学び舎の要《かなめ》だ。

校歌揮毫額は、第四代校長の原田勘平と朝平山雲書の二作が掛かっている。集会室の教育目標「やさしく　かしこく　たくましく」額も山雲書によるが、教育書写書道の手本中の手本になる、骨太の整った形とキリッとした線による。

すぐ近くの角地に「木山小学校創立之地」碑（山雲書）と、「安澤龍潤君之墓銘《あんざわりゅうじゅんくんのぼめい》」が並び建つ。碑文によれば木山小は、安澤氏が経営する公孫堂医院内で、私設寺子屋からスタートしたのだった。私はこれまで四回にわたり赤塚郷ゆかりの書画文芸展を地元の皆さんと開催しているが、歴史を刻むこの公孫堂の木造建築の内部を見られずにいた。特別に今回念願叶い、二階建ての室内に入室できた。中国からの来遊文人・徐晏波《じょあんぱ》筆「公孫堂」額が残っていた。

なお五月中に開催予定の木山小運動会では、地域全体が盛り上がる。つまり周辺住民と一体となり、伝統校の歴史が脈々と受け継がれている。

次の話題は朝平山雲の少し先輩の書家・中俣斗山《とざん》が代表を担った「北越書道会」だ。

これは昭和二十一（一九四六）年九月に県下書人が参集して結成した会で、斗山が平成七（一九九五）年に没するまで、何と五八一号に及ぶ月刊競書誌『蘭亭《らんてい》』を編集発行し続けた。誌名は広く響きわたり、本誌で書の腕を磨い

見習いたい昭和の書

た人々は膨大な数に上る。

知人の磯島瑛俊《えいしゅん》氏は新潟地震の年に新潟南高校入学、翌年から二年間ほぼ毎日、書道教諭だった斗山の添削指導を受けた。書道部員だからというだけではなく、卒業後看板業に就職する意思を斗山に伝えたところ、熱心な個人指導が始まった。現在磯島氏が看板製作業を主としつつ、「巻菱湖記念時代館」顧問を務めていることにつながる。

整った文字を学んだおかげで、「書く仕事がいっぱいあった」「私の書の原点は斗山先生」とおっしゃる氏の手元には、高校時代の美しい斗山書の手本と、丁寧極まる添削物がぎっしりと保管されていた。

まとめとして、冒頭の私の書いた教育目標は、子どもの熱気に負けないように精いっぱい筆をふるったものだ。対して朝平、中俣両氏の看板は、静かに年月を加算することによって文字に深味が増している。よい看板の条件として目を引くのは第一だが、他方見飽きないことが大切な要素だと気付く。

越後の風雪、寒暑にさらされながらも確かな存在感を漂わせるお二人の書に、見習う点は多い。

（二〇二四年五月四日 掲載）

上：朝平山雲書「木山小学校」校名木板

左：中俣斗山書「北越書道会」木板（巻菱湖記念時代館蔵）

65

尽きない先人と地域との絡み合い

■点描あれこれ

上：會津八一による「大阪屋」看板文字の肉筆

右：1949年元日号から使われた八一の最初の題字

連載最終回につき、書きもらしたくない分を冒頭点描する。昨年二月に紹介した徳永次一が開いた東蒲原郡の史料館、「阿賀の館」が四月末に完全閉館した。館内の看板は伊藤渓流《けいりゅう》筆だ。昭和の商店街では、伊藤氏のように、地域の看板に筆をふるった書人が各地におられた。

平成四（一九九二）年に開館した旧堀之内町（現魚沼市）の宮柊二記念館では第三代館長・平澤憲一と郷土史家の山森勲両人を中心に、貞心尼とその夫・関長温《せきちょうおん》、山岡荘八を含む土地にゆかりの文芸書画展を積極的に企画していた。館内受付上方の肉筆館名は、コスモス短歌会の野村清の筆だと、先般の取材で初めて知った。

名作では、明治の政治家・副島種臣《たねおみ》筆を刻んだ出雲崎町佐野氏「敬徳書院」木額が横綱看板。居酒屋安兵衛の看板は、昭和四十（一九六五）年新潟日報夕刊に連載された池波正太郎の時代小説「堀部安兵衛」にちなむ。

昭和三十（一九五五）年新潟大学医学部に入学した知

伝えたい各地の宝

人は、「病理学教室」棟の不思議な看板を覚えている。その表面に署名はないが、會津八一の書だった。

　結びはやはり、會津八一としよう。八一筆の看板といえば、菓子の大阪屋に言及せねば始まらない。

　六代目社長の岡嘉雄氏に取材した。ルーツは近江商人で、安政五（一八五八）年に新潟市横七番町で創業。昭和二十六（一九五一）年に念願の古町八番町に出店した時、八一に看板揮毫を依頼した。五代目の夫人が丹呉家の遠戚だったこと、また小林金六専務の努力が実って八一は承諾した。

　一説によると八一は小林に新聞紙をもってこい、と告げた。即座に小林は八一の意を汲み、和紙でも新聞紙でもなく、包装紙（洋紙）を改めて持参し話がまとまったという。和紙では八一に断られるし、新聞紙では残すに難がある。

　それを三田看板店主は、線に象嵌《ぞうがん》を施す手法で、銘木を用い文字を立体的に浮かび上がらせた。のち経年による傷みの修復を頼むと、三田は赤子《あかご》を抱きかかえるように大切に持ち帰ったという。古町七番町に移転した店内に、この看板文字が漆黒《しっこく》の輝きを放っている。

　なお本社に保存している肉筆は、「大阪」「屋」「渾斎《こんさい》（斎）題」と書いた三枚の紙を継ぎ貼りして一作に仕上げている。八一が部分的に書き直した結果なのだ。自分の書が後世に残ることへの意識は、続く新聞題字揮毫にもうかがえる。

　昭和十七（一九四二）年創刊の新潟日報の朝刊は、八一題字になるまで少なくとも五種の別筆の題字を用いている。昭和二十四（一九四九）年元日号からは、当時夕刊新潟社社長の八一筆を用い始め、その後も何度か替えられている。昭和三十一（一九五六）年に八一は没しているので、生前数例を渡していたのだろう。西村二郎社長の前で書いたとも聞く。

　八一は日記に、今日から自分の題字になることと、文字の不出来の箇所を認め書き直すとも。かつ「日本一の上等なる新聞を作らん」と、社を牽引する姿勢をつづっている。メディアシップは上方に、連載初回の新潟大学門標と同様、縦書き肉筆を横組みにした社名を掲げる。八一の看板とともに社は、各時代の波を乗り越え今日に至る。

　本稿八一資料の一部は、先輩書人伊藤鳩南氏から賜った。同様に教えを頂いた多くの皆様、そしてご愛読くださった方々へ深謝申し上げ、連載の看板を降ろしたい。

（二〇二四年五月十八日 掲載）

編集を終えて

目次頁に記したように、本書は「新潟日報」朝刊文化欄の毎月第一、三、五週の土曜日に「看板 体を表す」と題して、令和三（二〇二一）年十二月四日から同六（二〇二四）年五月十八日までの約二年半にわたる連載をまとめたものである。振り返って昭和五十九年新潟大学に入学し、平成二年に母校の助手になって以降、皆様から賜った教示と諸資料を文中に活用することを意識したつもりである。あの日あの時いただいた多くのご縁に、心からお礼を申し上げたい。

幸い毎回約一二〇〇字の分量、写真は二カット、ゆっくり読んでもらえる週末掲載という厚遇極まる条件で、好きなことをつづり続けられた。

取材に出かけた半分以上は自分が学生時代、つまり昭和の終わりからずっと気になっていた店。もう半分は別の調査で偶然にも知った店だ。執筆に当たり広い県内、なるべく各地での季節感を盛り込みつつ、生業が重複しないよう心掛けた。

全65話を改めて通覧して、さまざまなことがよみがえってくる。敷居の高かった店、風土に魅了された地域、勉強になった店、取材後に営業体制の変わった店。第7話での出雲崎町の大黒屋さんのように、ご主人が黄泉《よみ》の国に旅立たれた店もある。長年のご交誼に感謝しつつ読み返し、本書に収録した。第48話の新潟市内にあった佐久間書店の原稿では、閉店後のご家族にお会いした上で忘れがたい自分の思い出をまとめられたのがうれしい。今はない古書店の話題から、あわせて新潟が活気に満ちていた、昭和から平成に変わる頃の商店街が想起される。第63話の「35年前の写真から」は、まさしくそれと重なる。

書き手から見ると、古い例では良寛（新潟市）、大和屋（長岡市）が江戸時代のもの。次いで行形亭（新潟市）の例。會津八一の書は北方文化博物館と大阪屋、新潟日報（いずれも新潟市）を取り上げた。県人専門書家の筆になるものでは江川蒼竹が最も多く、次いで弦巻松蔭による例が多い。両者の書芸術に今更言及する必要はないが、一般社会と書が結び付いた好例としてその看板の書に注目してほしい。

一方、県内の各地域で名を馳せた文人の書を発掘し紹介する話は、特に私の関心事である。連載でも何人かの人物の足跡をたどることを目指した。総じて自分の知る限り、書き手が分かる看板が比較的新潟県には多い。つまり、地域で大切にされる書家・文人・趣味家が存在していたのだ。

なお一冊に編集するに際して、年代の記載は和暦中心に変え、ふりがなを増やし、挿図写真は臨場感を伝えるべく全てカラー刷にした。連載の補足記事、未使用の写真による増頁も用意した。

各文末には新聞掲載日を付記したが、目まぐるしく変貌する社会にあって、遠くないうちに記事は過去のことと思われる日が来よう。それでも著者としては内心、本書が新潟文化を特別な視点から活写した色褪せぬ時代の一証人になればと念じつつ、小文を閉じたい。

令和七年二月　　鉄琴　岡村　浩

岡村《おかむら》　鉄琴《てっきん》（本名・浩《ひろし》）

埼玉県川越市生まれ

新潟大学大学院教育学研究科修了（修士）

平成２年４月　新潟大学助手

現在　新潟大学大学院教授（教育学部・経済科学部・大学院 現代社会文化研究科）
　　　全国大学書写書道教育学会理事（北陸地区代表）
　　　越佐文人研究会代表

研究のキーワード　地域美術・文芸、実用書と現代書、幅広い楽しい書写、書文化教育

看板 体を表す

令和７(2025)年２月８日　初版第１刷発行

著　者	岡村鉄琴
発行人	佐藤明
発　行	株式会社新潟日報社 読者局 出版企画部 〒950-8535　新潟市中央区万代３丁目１番１号 TEL 025(385)7477　FAX 025(385)7446
発　売	株式会社新潟日報メディアネット（メディアビジネス部 出版グループ） 〒950-1125　新潟市西区流通３丁目１番１号 TEL 025(383)8020　FAX 025(383)8028
ブックデザイン	株式会社ワーク・ワンダース
印刷・製本	三条印刷株式会社

定価は裏表紙に表示してあります。
落丁・乱丁本はお取り替えいたします。

ISBN 978-4-86132-870-1